그들은
어떻게
읽었을까

그들은 어떻게 읽었을까

지은이 | 홍상진
펴낸곳 | 북포스
펴낸이 | 방헌철

1판 1쇄 펴낸날 | 2012년 1월 13일
1판 3쇄 펴낸날 | 2012년 6월 15일

출판등록 | 2004년 02월 03일 제313-00026호
주소 | 서울시 영등포구 양평동5가 18 우림라이온스밸리 B동 512호
전화 | (02)337-9888
팩스 | (02)337-6665
전자우편 | bhcbang@hanmail.net

ISBN 978-89-91120-59-4 03320

값 14,000원

우리 시대 10인의 멘토

그들은 어떻게
읽었을까

| 홍상진 지음 |

북포스

얼마 전 박용현의 『정당한 위반』이라는 책을 읽었다. 저자는 서울대 법대 출신인데, 사법고시를 치르는 대신 특이하게도 신문사에 취직해 18년째 현직 기자로 활동 중이다. 그 책에서 다음 문장이 눈에 띄었다.

"20년이 넘는 영어 공부 과정에서 진정 영어에 흥미를 느껴본 적은, 안타깝게도, 서른 중반에 떠난 미국 연수에서였다. 국제인권법을 공부했는데, 각종 인권 관련 논문이나 외국 법원의 판결문 따위를 읽으며 그 빈틈없는 논리와 인간에 대한 무한한 애정을 새긴 알파벳 활자에 깊이 빨려들어갔던 시절이었다. '영어가 이렇게 아름다운 언어였구나'라는 생각마저 들었다. 학창시절부터 내가 정말로 관심 있고 감동받을 수 있었다면 영어를 훨씬 재미있고 열정적으로 공부할 수 있었겠다는 자책 아닌 자책을 했다."

뒤늦게 뉴욕 주 변호사 자격을 얻은 그는 '아름다운 언어로서의 영어'를 만나면서 그동안 가졌던 '두렵고 부담스러웠던' 영어의 기억에서 벗어나게 되었다.

남에게 뒤지지 않기 위해 하는 독서, 꼭 해야만 하는 과제로서의 책 읽기, 시험을 앞두고 수박 겉핥기식으로 잔뜩 읽고 외우기까지 해야 하는 수험용 독서 탓에 정작 책과 제대로 한 번 마주하기도 힘든 게 우리의 현실이다. 우리는 과연 어느 즈음에 위 글의 주인공처럼 책 읽는 즐거움을 제대로 누리게 될까.

독서의 중요성과 방법론을 강조하는 책이 제법 된다. 그러나 책 읽는 '방법'을 일러주는 책을 읽느라 정작 '책'을 읽지 못한다면 그건 큰 문제다. 효과적인 독서법을 깨우친다 해도 책 읽기로 이어지지 않는다면 안타까운 일이다.

이 책에서 언급되고 있는 주인공들을 나는 알지 못한다. 수인사를 나눠본 적도, 명함을 주고받으며 알은체를 해본 적도 없다. 그럼에도 불구하고 누구보다 이들을 잘 알고 있다고 자부한다. 왜냐하면 그들의 책을 거의 모두 읽었고 그 과정에서 수많은 정신적 교감과 공감이 있었기 때문이다. 책은 이런 것이다. 책을 통해 만났던 사람들의 힘으로 오늘의 내가 존재한다. 자신을 구하는 건 자기뿐이라고들 말하지만 나를 구한 건 '책'이었다.

안철수와 한비야는 성을 쌓고 안주하는 대신 길을 나선 사람들이다. 편안함을 버리고 거칠고 낯선 세계로 끊임없이 자신을 내모는 이들은 노마드(nomad) 시대의 멘토다. 그런가 하면 신정일과 장향숙은 기존의 교육제도라는 관점에서 보면 영락없는 낙오자들이다. 그러나 이들은 아웃사이더(outsider)가 아니라 아웃라이어(outlier)로 우뚝 솟았다. 그들에게 세상은 또 다른 학교였고 책은 또 하나의 교실이었기 때문이다. 세상과 책에서 더 큰 배움을 깨친 이들은 끊임없이 배우며 살아가야 할 이 시대의 진정한 모범이다.

공병호와 구본형 그리고 이장우. 이들은 평생 직장의 시대가 저물고 평생 직업의 시대로 변하는 전환기에서 진정 자신을 책임져 줄 사람은 오직 '나'뿐이며 그 구원의 원천이 바로 '책'임을 증거하고 있다. 한편, 강인선과 고도원 그리고 안상헌의 유별난 책 사랑은 끝이 없다. 돌이켜보건대 책은 삶의 기본임과 동시에 이들을 키워준 절대적인 힘이었다. 결국 우리 시대 멘토를 키운 건 바로 독서의 힘이었다.

나의 경우 초등학교 시절부터 시작된 조숙했던 독서가 삶을 지탱해 주는 큰 힘이 되었다. 노후 생활에 얼마가 든다느니, 재테크 전략을 바꿔야 한다느니 하면서 저마다 난리인 요즘에는 다가올 장수 시대가 축복이 아니라 두려움이요, 재앙이다. 하지만 정말 놓치지 말아야 할 것은 책을 읽지 않고서는 지속적으로 나아질 수 없다는 사실이다. 고령사회를 앞두고 평생 직업을 통해 경제력을 갖추는 것 이상으로 중요한 것이 끊임없는 독서를 통해 스스로의 가치를 높이는 일이다.

지영과 한나가 원고 검토를 꼼꼼하게 해준 덕분에 이 책의 완성도가 한결 높아졌고 정기적으로 찾아와 진척 상황을 살펴준 덕분에 작업 내내 내게 큰 힘이 되었다. 가까운 장래에 두 사람의 이름이 새겨진 책을 보고 싶다. 보람과 동표도 평생 책과 함께 풍요로운 삶을 누리길 바란다. 책 읽기의 즐거움을 평생 만끽하며 살아가길 말이다. 북포스는 책에 강한 출판사다. 구체적으로 책 읽는 사회를 지향하는 색깔 있는 출판사다. 북포스 방현철 사장님 안목으로 이 책을 세상에 내놓을 수 있어 참 기쁘다. 그 덕분에 나는 다음 책을 활기차게 시작할 수 있을 것이다. 최인호 선생의 최신작 『낯익은 타인들의 도시』에서 얻은 아이디어로 글을 마감하고자 한다.

"나는 이 책을 평생 동안 스승이자 벗이자 수호신인, 사랑하는 나의 아내 이경희 프란체스카에게 바칩니다."

2011년 12월
홍상진

2부

성공의 가능성을 높이다

1부

인생의
기본기를 다지다

1

한비야
기필코 이루고야 말 간절한 꿈은 책에 있었다

한비야

오지여행가이자 작가. 서울 출신으로 숭의여자고등학교, 홍익대학교 영문학과를 졸업하고 유타 대학교 언론홍보대학원에서 국제홍보학으로 석사 학위를 받았으며, 국제 NGO인 월드비전 긴급구호팀장으로 일하다가 2009년 7월에 그만두었다. 2004년 한국 YWCA 선정 '젊은 지도자 상'을 수상하였고, 이듬해 환경재단의 '세상을 밝게 만든 100인'에 선정된 바 있다.

우리는 자기계발이 무엇인지에 대해 별로 아는 것이 없다. 그러나 한 가지만은 알고 있다. 일반적으로 사람은, 특히 지식근로자는 자신이 스스로가 설정한 기준에 따라 성장한다는 것이다. 사람은 스스로 성취하고 획득할 수 있다고 생각하는 바에 따라 성장한다. 만약 자신이 되고자 하는 기준을 낮게 잡으면, 그 사람은 더 이상 성장하지 못한다. 만약 자신이 되고자 하는 목표를 높게 잡으면, 그 사람은 위대한 존재로 성장할 것이다.—일반 사람이 하는 보통의 노력만으로도 말이다.

_ 피터 드러커, 『프로페셔널의 조건』

1958년생의 한비야. 50대 중반인 그녀가 해외여행에 쏟아부은 시간은 7년 가까이 된다. 날수로 치면 조금 모자란 2,500일이다. 직장생활을 하는 사람들이 연간 받는 휴가일수(연월차)를 25일로 쳐도 100년 동안 쉬지 않고 모아야 할 어마어마한 양이다. 더욱이 '여행 1년은 평범한 인생 10년'이라 할 정도로 여행은 농축된 삶이라 하지 않는가.

1987년 9월부터 유럽 10개국 탐방(3개월)

1993년 7월부터 세계 3개 대륙 탐방(5년)

1999년 3월부터 해남에서 통일전망대까지 국토종단(2개월)

2000년 3월부터 중국 체류(1년)

2001년 10월부터 월드비전 긴급구호팀장으로 구호 현장 활동(7년 10개월)

직장인들이 실제로 사용하는 휴가일수는 여름 한철에 집중된 4박 5일이나 일주일 정도가 대부분이다. 나머지는 그때그때 필요에 따라, 예를 들면 명절 앞뒤로 하루 이틀씩 넣어 사용하는 경우가 많다. 마치 휴가만 바라보고 사는 사람인 것처럼 느껴질 정도인 선진국과 달리 우리들의 삶에서 휴가가 차지하는 부분은 제한적이고 심지어 부정적이기까지 하다.

휴가는 열심히 일한 사람의 당연한 권리이며 휴식과 재충전은 직장에서 더 나은 성과로 이어진다는 선진국 사람들의 생각과 달리 우리는 여전히 '불철주야 밤낮없이' 닦고 조이고 기름 치는 것이 권장되는 사회다. 납기를 맞추기 위해 휴가를 반납했다는 공장 얘기나 건설 현장에서 합동으로 차례를 지냈다는 얘기는 명절 기간 중 빠지지 않는 뉴스거리다. 연례행사마냥 명절 뉴스에 꼭 들어 있는 이런 뉴스는 일과 휴가에 대한 우리 사회의 가치관을 보여주는 척도가 된다.

명절에도 일하는 그들에 대한 '안타까움'도 있지만, 다른 한편으로는 열심히 일하는 모습을 보면서 '든든함'을 함께 느낀다. 그런 가운데 은연중에 '일은 열심히, 휴가는 적당히'라는 고정관념을 가지는가 하면 심지어 '노는 것은 나쁜 것'이라는 생각마저 든다. 그러다 보니 권리로 사용하는 휴가임에도 다른 이의 눈치를 보거나 혹은 본인 스스로 떨떠름한 '이상한' 기분이 드는 게 우리의 현주소다.

2009년 프랑스 사르코지 대통령의 여름휴가는 30일, 영국이나 독일 총리도 이와 비슷한 기간을 휴가로 보냈다. 같은 기간 우리나라 대통령은 법에서 정한 휴가가 21일이었음에도 불구하고 4일을 썼을 뿐이다. 2010년에는 며칠 늘어 일주일을 다녀왔지만 법정 휴가의 상당 부분을 사용하지 않은 건 분명하다. 대통령이 법정 휴가의 3분의 1도 채 못 쓰는 상황이라면 아랫사람으로 그 이상 쓸 수 있는 간 큰 사람(?)이 얼마나 있겠는가.

김대중 대통령의 연설문과 기고문 등 대통령의 원고 초안을 담당한 고도원은 5년간의 재직 기간 중 정식 휴가는 딱 4일뿐이었다고 한다. 주말도 없이 일했던 그는 건강이 완전히 무너져 한동안 목이 돌아가지 않고 밤에는 잠도 안 올 정도로 심각한 상황에 처하기도 했다.

하지만 안타까운 것은 대통령과 고도원의 사례에서 우리 사회는 '열심히'에 방점을 찍는다는 점이다. '열심히 일하는 것은 좋은 것이고 빈둥빈둥 노는 것은 나쁜 것'이라는 획일화된 잣대가 여전히 판을 치고 있는 게 현실이다.

돈키호테처럼, 이룰 수 없는 꿈을 꾸는 자

그런 면에서 본다면 한비야는 여러 가지 면에서 우리 사회 부적응자다.

- 남들보다 대학을 5년이나 늦게 간 것
- 늦은 나이(35세)에 첫 직장을 잡은 것
- 승진을 앞두고 3년 만에 직장을 나온 것
- 무모해 보이는 세계여행에 도전한 것
- 50대 중반이 되어서도 여전히 방황하는 것

그러나 한비야를 두고 사회 부적응자라고 말하는 사람은 그 어디에도 없다. 오히려 '바람의 딸'이라는 별칭을 가진 그녀가 고정관념을 던져버리고 새장을 벗어나 '지도 밖으로 행군하라'고 한 외침에 수많은 사람들이 공감하고 있다.

● 남들보다 대학을 5년이나 늦게 간 것

한비야는 대학에 늦게 간 것이 아니라 사실은 누구보다 '제때' 들어갔다. 세상을 살아가는 데 필요한 지식은 고등학교면 충분하다고 생각했기에 굳이 대학에 갈 이유가 없었다. 더욱이 경제적으로 집안을 도와야 할 입장이었기에 과외선생, 임시 세무공무원, 클래식 음악다방 DJ, 영어 통번역사 등 여러 가지 역할로 바삐 지냈다. 그러던 중에 대학을 다녀야겠다는 생각을 하게 되었는데, 그때가 대입선발고사가 일곱 달 남은 시점이었다. 대학에 가야겠다고 마음먹은 지 7개월 만에 대입선발고사를 치른 그녀는 어찌 보면 누구보다 '먼저' 대학에 간 셈이다.

● 늦은 나이에 첫 직장을 잡은 것

유학을 마치고 한국에 돌아왔을 때 한국에도 버슨-마스텔라 지사가 생겼다는 걸 알고 한비야는 그 회사에 인터뷰를 요청했다. 대학원 시절 수업 중에 케이스 스터디로 수없이 오르내리던 바로 그 버슨-마스텔라. 한비야는 귀국 후 처음으로 입사지원서를 썼고, 처음으로 취업 인터뷰를 마쳤다. 수많은 시도 끝에 겨우 직장을 구하는 요즘 세태에 비하면 그녀는 첫 직장을 굉장히 빨리 정한 것 아닌가.

● 승진을 앞두고 3년 만에 직장을 나온 것

전공인 홍보학을 십분 적용할 수 있었던 회사 일은 아주 매력적이었다. 3년만 다니기로 한 직장이라 더 열심히 일했던 것이다. 한 달 이상 야근하는 경우도 많았을 정도로 열심이었던 그녀는 일을 통해 새로운 사람들을 만나는 것도 좋아했기 때문에 일을 하면 할수록 더욱더 힘이 났다. 그런 그녀였기에 회사를 그만두려던 3년 차 즈음엔 부장 승진이 거의 확정적이었다. 하지만 그녀에겐 더 큰 꿈이 있었다. '맺을 수 없는 사랑을 하고 견딜 수 없는 아픔을 견디며 이길 수 없는 싸움을 하고 이룰 수 없는 꿈을 꾸자!'는『돈키호테』의 외침에 가슴 떨려하던 그녀가 열 살 때부터 꾸준히, 그리고 차근차근 준비하며 그려온 세계일주였다. 목표했던 2,500만 원이 당초 계획했던 3년 만에 마련되었기에 어릴 적 아버지와 약속했던 세계일주라는 큰 꿈을 실행에 옮기지 않을 이유가 없었다. 그녀는 직장을 그만둔 게 아니라 계획에 따라 다음 과정으로 넘어갔을 뿐이다.

● 무모해 보이는 세계여행에 도전한 것

'무모하다'는 직접 경험하지 못한 사람들이 하는 말이다. 한비야는 회사에 들어가자마자 세계일주를 위한 구체적인 계획을 세우기 시작했다. '언제 어디를 여행하며, 무엇을 어떻게 준비해야 할 것인가'에 대해 고민했다. 그런가 하면 세계일주를 마치고 복귀해서 홍보 분야 전문가로서의 삶을 다시 시작하겠다고 염두에 두었는데 그러려면 세계일주 출발 전에 이미 상당한 정도의 명성을 쌓아두어야겠고, 그 명성이 사람들의 뇌리에서 사라지기 전, 그러니까 3년 안에는 다시 돌아와야겠다는 계획을 세웠다.

둘러볼 곳으로 이집트, 잉카, 아즈텍, 황하, 유프라테스·티그리스강 유역 등의 고대문명 발상지들과 네팔의 히말라야, 북미의 매킨리와 남미의 파타고니아 지역, 아프리카의 킬리만자로 등 세계 각 대륙의 명산을 꼽아보았다. 그러나 그녀가 가장 먼저 염두에 둔 곳은 이른바 미지의 땅이라 불리는 아마존 정글, 남아메리카 얼음대륙, 아프리카 시골, 중국 변경 소수민족 거주지, 중동 사막 베두인족 마을 등이었다. 그다음으로 소요 경비, 3년을 버텨낼 체력 등 그녀는 용의주도하게 모든 것을 준비했다.

목표는 2,500만 원. ⋯ 1년에 850만 원, 한 달에 65만 원 정도는 저축해야 한다 ⋯ 이 정도를 매달 저금하려면 내 경제규모를 간소하게 해야 했다. 다음으로 중요한 것은 체력 관리. 홀로 저경비 장기여행을 하려면 무엇보다도 튼튼한 체력이 뒷받침되어야 하는 것은 당연한 일이다. ⋯ 등산과 요가 또는 맨손체조를 덧붙였다. 매주 산에 가서 열 시간 이상 걷는 것을 원칙으로 하고 매일 30분간 체조를 하려고 노력했다. 아는 만큼만 보인다고, 여행을 위해 책도 나름대로 많이 보았다. 가고 싶은 대륙이나 문화권 중심으로 일반 서적이나 사진첩은 물론 고등학교 교과서부터 대학 논문집까지 여러 가지 다양한 관점의 책을 읽으려고 했다.

_『바람의 딸 걸어서 지구 세 바퀴 반 1』

어찌 보면 철없어 보일 정도로 한비야의 삶은 위태롭기만 하다. 안정기에 접어든 좋은 직장을 마다하고 돌아올 기약 없이 사직서를 낸 것 하며 그동안 애써 모은 돈 전부를 '노는 데(여행)' 쏟아부은 것 하며. 그 나이쯤 되면 결혼도 하고 아이도 낳고 번듯한 집도 한 칸 마련해야 한다는 게 대부분 사람들의 생각이다. '염려'라는 이름으로 세상 사람들이 던지는 수많은 고정관념에 대해 무려 5년 동안이나 세상을 떠돌다 돌아온 한비야는 '여행을 얼마나 더 다녀야 뭘 얻게 될지, 그런 때가 오긴 올 건지 잘 모르겠다'는 다소 선문답 같은 얘기를 내놓았다. 하지만 『바람의 딸 걸어서 지구 세 바퀴 반 1』에서 그녀는 편안한 삶을 포기하고 단신 오지여행이라는 달콤하지만 혹독한 수업료를 치르고서 한 가지 아주 중요한 것을 알게 되었다고 명확히 밝히고 있다. 자신은 집도 절도 없이 떠도는 것이 아니라 인생의 주인공으로서 삶의 키를 확고부동하게 잡고 나아가고 있다고 말이다.

세상의 바다를 헤쳐나가는 내 인생이라는 배의 선장은 바로 나라는 것, 누구도 대신할 수 없고 대신하게 해서도 안 된다는 것, 바다가 고요할 때나 폭풍우가 몰아칠 때나 나는 내 배의 키를 굳게 잡고 앞으로

　서른다섯이라는 늦은(?) 나이에도 불구하고 장장 7년에 걸친 세계일주 여행을 하면서 한비야는 마침내 '하고 싶은' 일을 찾았다. 바로 국제난민 관련 프로그램에서 일하는 것이다. 육지 면적으로만 따지면 세계 전체 면적의 270분의 1밖에 안 되는 우리나라! 우리가 살고 있는 세계에 미국과 일본 그리고 중국 외에도 200개가 넘는 나라들이 있다는 사실을 깨달은 그녀는 국제난민 관련 활동을 위해 2001년 10월, 오지여행가에서 월드비전 긴급구호팀장으로 삶의 좌표를 조정했다. 여행을 하지 않고 잘나가던 직장에만 머물러 있었다면 결코 알 수도 볼 수도 없었던 분야였겠지만, 아프리카, 중동, 인도차이나, 남부아시아 등 세계 곳곳을 다니며 보았던 수많은 난민들과 그들이 애써 마련한 난민촌을 둘러봤던 그녀는 적어도 20년간 '목숨 걸고' 일을 할 각오를 할 정도로 필생의 임무라 생각하고 있다. 주위 사람들은 걱정 반, 근심 반. 하지만 그녀는 바로 그 '전쟁 같은 삶'을 통해 용기를 내고 행복을 느끼는 전사(戰士)가 되어 있었다.

여행자의 독서법

환갑이 훨씬 지난 65세의 연세에 전라도 땅끝마을에서 강원도 통일전망대까지 도보여행을 감행했던 황안나 할머니! 40일에 걸쳐 국토종단을 하면서 안나 할머니가 지고 다녔던 배낭의 무게는 12킬로그램이었다. 얼핏 보기에 대수롭지 않아 보일 수도 있겠지만 배낭이 주는 고통이 무척 컸던 모양이다. 하지만 이 또한 여행이 주는 묘미라면 묘미였다. 할머니는 무거운 배낭을 통해 깊은 깨달음에 이른다.

이상하게 오늘은 등에 진 배낭만큼이나 마음도 무겁다. 이렇게 무거운 마음과 무거운 배낭으로는 먼 길을 걸을 수 없다. 길이란 게 뭔가. 도(道) 아닌가. 삶의 과정 역시 도에 이르는 길이고, 그렇게 본다면 삶도 마찬가지인 것 같다. 많은 것들을 걸머지고 얼마나 멀리, 얼마나 오랫동안 길(道)을 갈 수 있으랴. 가볍게 살고 싶다. 무엇에도 매이지 않고! 짐인지 살림인지도 모를 것들은 다 정리하고, 괜한 고민들도 다 떨쳐버리고 싶다.

_황안나, 『내 나이가 어때서』

무거운 배낭이 어떤 이에게는 삶의 큰 깨우침을 주기도 하지만, 다른 어떤 이에겐 생명을 앗아갈 수 있을 만큼 위험한 존재일 수도 있다. 제한된 시간 안에 높은 산을 오르는 알피니스트들의 경우가 그렇다. 알프스의 아이거 북벽은 정상까지 3,970미터밖에 되지 않는다. 높이로만 따지자면, 8,000미터가 넘는 에베레스트 고봉에 비하면 새 발의 피(?)에 불과하다. 하지만 거의 수직으로 솟은 이곳은 공동묘지라는 별명이 붙을 정도로 알피니스트들에게는 가장 어려운 코스의 하나로 꼽히고 있다. 아이거 북벽 정상까지 갔다 내려오는 데 걸리는 시간은 2박 3일 정도 된다. 날씨가 변화무쌍하기에 날 좋을 때 빨리 움직여야 하는, 그야말로 스피드가 필수인 코스다. 등반을 앞둔 알피니스트들의 짐과의 싸움은 상당하다. 사흘을 넘기면 굶을 수밖에 없도록 짐을 꾸리기도 한다. 만일에 대비한답시고 이것저것 챙기다 보면 바로 그 '약간 더한' 무게로 인해 등반에 큰 위기를 맞기도 하기 때문이다.

　두 발에 의지해 전 세계 구석구석을 누볐던 한비야도 '짐과의 전쟁'을 치르기는 마찬가지였다. 배낭을 메고 온종일 걸어다녀야 하는 그녀에게 짐을 줄이는 것은 지상과제요, 영원한 고민이었다. 배낭의 무게를 조금이라도 더 줄여보고자 소지한 지도의 테두리 여백을 잘라버리는 게 도보 여행가들이다. 하물며 오랜 기간 전 세계를 누비고 다닌 한비야는 오죽했으랴. 비누를 반만 잘라 다니고, 더운 지방으로 이동할 때는 긴팔 티셔츠를 반팔 티셔츠로 잘라 입는 건 기본. 여기다 2주일에 한 번씩 배낭을 점검하며 당장에 필요치 않은 물건은 솎아낼 정도로 무게를 줄이는 데 온 신경을 쏟는다. 하지만 배낭여행 도중에 그녀가 정말 경계해야 할 부분은 따로 있다. 바로 사람들의 따뜻한 마음 씀씀이.

혼자 다니는 게 안쓰러워 보였는지 어디를 가든 현지인들은 음식을 잔뜩 싸주곤 했다. 사양하자니 정성이 그렇고, 가져가자니 짐이 예삿일이 아니라 난처해질 때가 한두 번이 아니었다. 하지만 언제나 결정은 하나, 마음만 받는 것이었다. 어떤 이유로든 배낭이 무거워서는 안 될 일이었다. 하지만 그녀에게도 치명적 약점은 있었다. 바로 책에 대한 욕심이다. 그녀의 배낭에는 언제나 책이 있었다. 하지만 그녀는 눈에 띄는 책이 있으면 또 사고 만다. 책한 권을 대략 500그램으로 치면 1킬로그램에 가까운 과외의 짐을 마다 않았던 것이다.

오늘의 목적지가 진안까지여서 더 이상 가기는 싫다. 진안읍에서 비빔국수와 고기만두를 한껏 천천히 먹었는데도 여관 찾기에는 아직 이른 시간이다. 서점에 가서 책이나 구경해야겠다. 이 책 저 책 구경하다가 권정생의 『한티재 하늘 1』을 샀다. 아직 임실에서 산 『인물과 사상』

도 다 안 읽었는데 욕심을 부렸다. 오늘밤으로 적어도 한 권은 끝날 테니 마땅한 사람에게 주고 오면 되겠다.

_『바람의 딸, 우리 땅에 서다』

세계를 다니며 매일마다 여장을 꾸리는 나그네 신분이었지만, 그녀에게도 나름 문화생활이란 게 있었으니 그것이 바로 책 읽기였다. 다니는 곳이 주로 오지인 데다 여행경비를 아껴야 하는 관계로 머무르는 곳이 현지인의 집이든 호텔이든간에 열악한 시설이기는 매일반이었는데, 여건이 어떻든 촛불을 켜서라도 책을 꼭 봐야 할 정도로 그녀는 독서 욕심이 컸다. 그럴 때면 으레 모기와 벌레들이 몰려들었으니, 그녀의 문화생활은 결코 고상하고 낭만적이기만 한 것은 아니었다.

이렇게 눈물겨운(?) 독서 생활을 하다가 한국에 돌아오면 책을 탑처럼 쌓아놓고 읽어야 직성이 풀린다. 이렇게 폭식하듯 읽는 것으로 그동안의 공백을 메워보자는 보상 심리에서일 거다. 생각해 보면 이것도 욕심이다. 어쭙잖은 먹물의 지적 허영인지도 모르고.

_『바람의 딸, 우리 땅에 서다』

한 번 떠나면 1년 이상을 길에서 보냈던 여행의 특성상 본인의 취향에 맞춰 책을 읽는다는 것은 불가능에 가까웠다. 짐을 줄이는 게 급선무다 보니 당연히 책은 달랑 한 권이 전부다. 하지만 이 한 권이 놀라운 마술을 부렸다. 책이 책을 부르는 것이다. 여행자들끼리 다 읽은 책을 바꿔보는 것. 배낭족 숙소에는 책 바꿔보자는 사람들의 메모가 언제나 붙어 있었다. 게다가 방콕이나 이스탄불, 카트만두 등 여행자들의 방문이 잦은 지역에는 배낭족들을 상대로 하는 제법 구색을 갖춘 헌책방들이 여럿 있어 큰 도움이 되었다.

『소피의 세계』 같은 영양가 있는 책을 만나기도 했고, '대륙의 딸'로 소개된 장융의 『Wild Swans』와 같은 보석 같은 책을 만나기도 했다. 중국 여행자들의 필독서라 불리는 이 책은 미얀마의 어느 허름한 숙소에서 맞바꾼 것으로 600쪽이 넘는 분량을 그녀는 밤낮없이 읽었다.

여행 중의 독서는 순전히 운에 달렸다고 보는 것이 더 맞을 것이다. 한비야가 외국인 거리에 있는 한 카페에서 잡지 「신동아」를 발견한 것을 보면 더더욱 그렇다. 미얀마 '다리'라는 곳에서 있었던 일이다.

한 곳에서 반갑게도 한국의 시사잡지 「신동아」를 발견했다. 좀 오래되긴 했지만 한국 소식을 가물에 콩 나듯 듣고 있는 내게는 모두가 생생한 뉴스다. 당장 빌려서 그날 밤부터 성경책인 양 끼고 다니며 읽었다. 첫 장 부터 끝 장까지 마치 외어야 할 것처럼 읽고 또 읽었다. 그게 얼마나 재미있던지, 내 평생 딱딱한 월간 시사잡지를 그렇게 꿀맛으로 조금씩 아껴가며 읽은 적이 없다. 그러나 정작 그립고 목말랐던 건 그 책의 내용이 아니라 그 책에 씌어진 한글이었는지도 모른다.

_『바람의 딸 걸어서 지구 세 바퀴 반 3』

1년에 100권 읽어도 성이 차지 않다

한비야가 비교적 이른 나이에 세계일주를 꿈꾸게 된 데는 아버지의 영향이 컸다. 「조선일보」 정치부 기자였던 부친은 그녀를 비롯해 4남매를 모아놓고 우리나라와 세계지도를 앞에 두고 나라 이름, 도시 이름, 산과 바다 이름 찾기 놀이를 하곤 했다. 아이들이 알아듣건 말건 상관없이 국가간 역학관계나 분쟁지역에 대한 얘기도 간간이 해주셨다. 막연한 수준이긴 했지만 세계로 넓혀진 그녀의 관심에 기름을 부은 책이 있었다. 김찬삼이라는 한국 사람이 세계 곳곳을 다녀와 쓴 그 책으로 '한국 사람도 세계일주를 할 수 있구나' 하는 깨달음을 얻었다. 다른 한 권은 쥘 베른이 쓴 것으로 기구를 타고 80일 만에 세계를 한 바퀴 도는 흥미로운 이야기를 담은 책이었다. 이때 한비야는 '비행기도 아닌 기구를 타고 80일이면 둘러볼 수 있을 정도로 세계가 작다'는 데 큰 인상을 받았다. 그리고 마침내 아버지에게 다음과 같이 선언한다.

> "아버지, 나도 크면 세계일주할 거야, 이 아저씨처럼."
> "그래, 꼭 해보렴. 너희가 컸을 때는 그게 가능할 테니까."
> 아버지는 진심으로 그렇게 되길 바라시며 내 막연한 꿈을 응원해 주셨다.
>
> _『바람의 딸 걸어서 지구 세 바퀴 반 1』

어린 시절 한비야에게 엄청난 꿈을 불어넣었던 것은 아버지의 전폭적인 지지와 희망의 메시지였다. 그리고 그 시작은 『김찬삼 세계여행기』와 『80일간의 세계일주』라는 두 가지 책이었다. 이후 고등학교 1학년 때는 단짝 친구와 죽을 때까지 1년에 책을 100권씩 읽자는 약속을 하기에 이른다.

둘도 없는 단짝이자 선의의 경쟁자인 친구 영희와 올해부터 죽을 때까지 1년에 책 100권씩 읽자고 굳게 약속했다. 그래봤자 평생 1만 권도 읽지 못하는 셈이니 생이 너무 짧다고 한탄까지 하면서. 그날부터 독서 목록을 정해놓고 우리는 경쟁적으로 책을 읽기 시작했다. 한 권이 끝날 때마다 책 제목 지우는 맛으로 그해를 보냈는데, 영희가 나보다 먼저 100권을 끝낸 것이 분해서 며칠 밤을 새워 마지막 두 권을 읽었던 기억이 새롭다. 그때부터였던 것 같다. 내 일기장 뒷면이 독서 일지가 된 것이.

_『한비야의 중국견문록』

책에 대한 남다른 사랑은 지금은 수녀가 된 혜경이란 친구와도 단짝이 되도록 두 사람을 이어주었다. 둘의 성격이 워낙 달랐던 터라 두 사람이 친하게 지내는 게 불가사의처럼 비춰졌지만, 한비야와 그녀는 정말 지독히도 붙어다녔던 모양이다. 한동안 같은 아파트에서 살기까지 했던 두 사람은 한 권의 일기장을 나누어 쓰기도 하고, 한번은 『한국의 현대시』라는 시집을 통째로 함께 외운 적도 있었다.

예민한 나이에 서로에게 책이라는 긍정적 세례를 쏟아부었던 두 사람이었다. 친구는 일찍 아버지를 여의었던 한비야와 20~30대를 고스란히 함께 울고 웃으며 보냈다.

성격이 판이하게 달랐던 두 사람을 우정으로 엮어준 것은 아마도 두 사람의 책 사랑이 남달랐다는 점과 시집 한 권을 모두 외우려 들 정도로 감성이 풍부했다는 공통점 때문이 아니었을까. 분명한 것은 책을 사랑한다는 공통점이 서로 달라 보였던 두 사람을 이어주었다는 사실이다. 비록 한 사람은 여행 전문가로, 그리고 다른 한 사람은 수녀가 되어 서로 다른 길을 가고 있지만, 두 사람에겐 몇 가지 공통점이 있다.

먼저, 한비야는 여행 전문가로 세상의 온갖 '물리적인 길'을 가고 있으며, 친구인 수녀는 정신적인 '구도의 길'을 가고 있으니 두 사람 모두 '길' 위에 있는 사람들이라는 점이다. 다음으로 한비야는 긴급구호 전문가로 도움이 필요한 사람들을 찾아다니고 있으며, 친구 역시 각별한 관심과 사랑이 필요한 '어린이의 집'을 맡아 운영하면서 재속(在俗) 수녀로 일하고 있으니 두 사람 모두 어려운 사람에게 '도움의 손길'을 내미는 사람들이라는 점이다. 얼핏 달라 보이지만 사실은 한 가지 길을 가고 있다는 것, 게다가 하나같이 의미 있는 일에 온 힘을 쏟는 삶을 가게 된 데는 젊은 날 함께 읽었던 수많은 책들의 영향 또한 무시할 수 없을 것이다. 사람이 책을 만들지만, 책은 사람을 만든다고 하지 않는가. 그런 책이기에 한비야의 책 욕심은 오늘도 계속된다.

따져보니 '1년에 100권 읽기'를 해마다 달성하면서 100세까지 산다고 해도 앞으로 읽을 수 있는 책은 고작 5천 권 남짓이다. 생각보다 적어서 가슴이 덜컹 내려앉으며 갑자기 마음이 조급해진다. 1년에 100권은 너무 조금인가. 그래도 200권은 좀 무리고 일단 20퍼센트 인상해서 120권은 돼야 하지 않을까? 한밤중에 벌떡 일어나 서재로 달려가 그동안 사놓고만 있던 책, 선물로 받아놓은 책, 여러 출판사에서 보내준 책 등 산처럼 쌓여 있는 읽지 않은 책을 훑어보았다.

_『그건 사랑이었네』

한비야의 글은 힘이 세다

중국 어느 목 좋은 곳에 식당이 있었다. 이 식당의 골칫거리는 출퇴근자들의 자전거 무단주차였다. 식당 주인은 이를 막기 위해 부탁도 하고 협박도 하는 등 온갖 노력을 다해봤다. 하지만 백약이 무효했다. 그러던 중 어느 젊은 종업원이 기발한 묘책을 냈다. 종업원의 아이디어를 들은 주인은 짤막한 경고문을 적어 담벼락에 붙였는데 이후 모든 자전거들이 자취를 감췄다. 그 경고문은 이랬다.

"자전거 공짜로 드립니다. 아무나 가져가세요."

_ SERICEO 콘텐츠팀, 『삼매경』

아무나 가져가라는 짧은 메시지로 상황은 순식간에 돌변했다. 골칫덩이였던 공간이 그 누구도 무단주차를 꿈꿀 수 없는 안전지대로 바뀌는 순간이다. 이렇듯 글의 힘은 세다. 비록 단 한 줄일망정 그 힘은 어마어마할 수 있는 게 바로 글이다. 그동안 한비야는 여러 권의 책을 냈고 그중에 상당수는 베스트셀러로 널리 읽혀졌다. 그러다 보니 이제는 그녀가 쓴 책이라면 일단 사고 보는, 그야말로 독자층이 두터운 작가로서의 명성도 상당하다. 그녀의 남다른 점은 바로 이런 데 있다. 지구촌 시대에 그녀 이상으로 세계 곳곳을 둘러본 사람이 없을 리 없고, 그녀만큼은 아니더라도 여행깨나 다니는 사람이 어디 한둘이겠는가. 하지만 그 가운데 유독 한비야가 돋보이는 건 바로 그녀의 글 쓰기 때문이다. 하지만 그녀가 처음부터 작가가 될 생각을 했던 건 아니었다.

아프리카에서 유난히 더 챙겨먹었던 말라리아 약의 부작용으로 할 수 없이 국내에 돌아와 잠시 몸을 추스르던 차에 얼떨결에 쓰게 된 책 '바람의 딸' 시리즈. 그녀 자신은 책을 쓰리란 생각은 전혀 해보지 못했다. 오랜 동안 준비해 온 여행은 순전히 그녀만의 것이었고, 그토록 바라던 평생의 꿈이었기에 이를 다른 사람들과 나눈다는 생각은 꿈에도 하지 못했던 것. 하지만 여행을 시작한 지 2년 정도가 지나면서 남다른 그녀의 경험을 다른 사람들과 나누고 싶다는 생각이 들었다. 여행이 오직 자신만의 노력 때문에 가능했던 것만은 아니라는 생각이 막연하게나마 들었던 것이다. 가족들과 가까운 지인들이 없었다면 이 여행이 어찌 가능했을까. 게다가 달라진 우리나라의 국제적 위상이 혼자뿐이었던 그녀의 여행을 한결 수월하게 해준 것도 사실이었다. 이런 생각에까지 이를 즈음, 자연스럽게 자신이 누린 기회와 혜택을 다른 사람들과 나누어야겠다는 생각이 들었다. 그러던 차에 책을 내자는 제안을 받았고 그래서 쓰게 된 책이 바로 '바람의 딸' 시리즈다.

우리가 한비야 씨를 알게 된 것은 책을 통해서다. … 만약 그의 글솜씨가 아주 형편없어서 그런 책을 출간할 엄두를 내지 못했더라면, 그냥 이리저리 돌아다니는 한낱 여행객에 지나지 않았을지도 모른다. 진정한 봉사가 그를 만들었다면, 글 쓰기는 그를 우리에게 알린 것이다. … 글 쓰기가 필요한 더 큰 이유는 따로 있다. 자신을 가장 설득력 있게 표현하고 알리는 데 글만 한 것이 없기 때문이다. 그러니 비단 소설가들에게만 좋은 글 쓰기가 필요한 것이 아니다. 바로 그대에게 가장 필요한 능력이다. 글은 여러모로 힘이 세다.

_ 김난도, 『아프니까 청춘이다』

여러모로 힘이 센 글을 쓰는 한비야의 첫 번째 비결은 일기 쓰기다. 마치 연애하듯 일기장과 매일 마주 앉는 그녀는 초등학교 때부터 지금껏 계속 일기를 쓰고 있다. 워낙 오래된 습관이라 일기를 쓰지 않으면 속이 답답해지는 증세까지 나타날 정도라는 게 그녀의 얘기다. 두 번째 비결은 생각날 때마다 수첩에 바로바로 적는 메모 습관이다. 그녀가 입고 다니는 조끼 주머니에 항상 들어 있는 메모 수첩. 지금까지 여행을 하면서 그때그때 써놓은 수첩이 벌써 수백 권에 달한다. 세계적으로 유명한 수첩인 몰스킨(Moleskine)의 경영자들은 수첩을 '단순한 수첩이 아닌, 아직 글자가 쓰여지지 않은 책Unwritten Book'이라고 정의한다. 한비야의 머릿속에 앞으로 쓰여질 수백 권의 책이 들어 있었다는 뜻이다.

수많은 곳을 함께한 흔적이 오롯이 담겨져 있는 수첩들은 수백 권의 책으로 풀어낼 수도 있는 그녀의 확실한 재산 목록 1호다. 안상헌은 『이기적인 직장인』에서 "수첩만큼 그 사람을 잘 알게 해주는 것도 별로 없다. 사람이 하는 말에는 거짓이나 가식이 있을 수 있지만 수첩에는 그런 것이 없다. 수첩을 보면 사람을 알 수 있고 미래도 알 수 있다. 만약 나의 수첩이 텅 비었다면 나의 삶도 그것과 비슷할 것이다"라고 말한 바 있다. 이미 꽉 찬 한비야의 수백 권에 달하는 수첩은 그녀가 얼마나 치열하게 살아왔는가를 여실히 증명하는 것이다.

세 번째로 그녀의 남다른 글 쓰기 비결은 당연히 '여행'에 있다. "여행은 좋은 책을 읽는 것"이라는 말이 있는가 하면 "세계는 한 권의 책이다. 여행하지 않는 자는 그 책의 단지 한 페이지만을 읽을 뿐이다"라는 성 아우구스티누스의 말도 있지 않은가. 남다른 여행을 경험했고 그 긴 여정 속에서 단 한 번도 책을 놓지 않았던 그녀였기에 그녀의 글은 더욱더 특별할 수밖에 없었을 것이다. 여행을 통해 책을 낳고 또 그 책을 통해 새로운 여행이 다시 이어졌던 그녀의 삶 자체가 한 편의 여행이 아니던가.

마지막으로 영어와 한국어를 교환 공부하는 사이였던 영국인 선교사로부터 배운 '나에게 편지 쓰기'도 한몫하지 않았을까 싶다. 힘든 결정을 내려야 할 때마다 그녀는 자신에게 편지를 쓰곤 했다. 본인에게 보내는 것이지만 우표까지 붙여 제대로 썼다. 그녀 자신이라는 단 한 명의 독자를 위한 편지, 그리고 이를 받아본 그녀는 읽고 나서 마음의 결정을 내리곤 했다. 아마도 이때부터 수많은 독자의 마음을 움직이는 한비야의 글이 만들어지기 시작한 것은 아닐지.

무엇인가를 결정해야 할 때, 판단이 흐려질 때는 훌쩍 여행을 가서 '사랑하는 비야에게' 혹은 '고민에 빠진 친구에게', '정말 알 수 없는 너에게'로 시작하는 긴 편지를 쓴다. 설득의 말을 할 때도, 맹렬히 비난할 때도 있지만 보통은 '네가 아무리 미운 짓, 엉뚱한 짓을 해도 어떤 결

좋은 책은 좋은 사람을 낳고
좋은 사람은 다시 좋은 책을 만든다

좋은 책은 좋은 사람을 만들고, 그 사람은 다시 좋은 책을 만들어
세상을 더욱 아름답게 변화시키기 마련이다. 한비야에겐 은퇴해
서 알래스카에 살고 계신 미국의 양부모님이 있다. 근무차 한국에
왔다가 우연히 들른 클래식 다방. 그곳은 한비야가 DJ로 일하던
곳이었고 이곳에서 그들은 운명적으로 만난다. 클래식을 즐기던
위튼 부부는 그곳을 수시로 드나들었던 단골이었고, 올 때마다 뭔
가 열심히 하고 있는 한비야를 눈여겨보게 된다. 그때는 한비야가
대학에 가겠다며 뒤늦은 입시 준비로 정신이 없을 때였다. 한비야
는 DJ 일과 수험 준비를 동시에 해내기 위해 교향곡 등 대편성 위
주로 음반을 걸어놓고는 그 시간에 정신없이 책을 보곤 했다. 비

야가 대학입시를 준비 중이라는 사실과 그녀의 가정 사정이 무척 어렵다는 것을 알게 된 위튼 부부는 그녀의 사람됨을 알아보고는 놀라운 제안을 하였다. 학비를 대주겠다는 것이었다.

"비야, 우리는 네가 이번 입시에서 좋은 성적을 내리라고 믿는다. 그렇지만 만약 좋은 성적이 안 나오더라도 제발 포기하지 않았으면 좋겠어. 이번에 원하는 대학에 못 들어가면 다른 사립대학에 갈 수 있게 우리가 학비를 대주고 싶어. 부담 같은 건 갖지 말도록 해. 비야에게 공짜로 돈을 대주는 게 아니라 투자를 하는 거야. 우리는 비야가 좋은 투자 대상이라는 확신을 갖게 되었거든."

_『바람의 딸 걸어서 지구 세 바퀴 반 1』

이 말에 한비야가 깜짝 놀란 건 당연한 일. 두 사람과 친하다고는 생각했지만 대학 4년 동안의 학비를 모두 대주시겠다고 나설 줄은 정말 꿈에도 몰랐다. 피붙이도 아닌 자신에게 지나치다 싶을 정도로 친절히 대해주는 것이 이해가 되지 않을 정도였다. 하지만 고마운 건 사실이었다. 생각만으로도 감사할 따름이었다. 다행히 그녀는 4년 장학금은 물론 재학 중 생활비도 함께 지원되는 좋은 조건을 제시한 홍익대로 진학하기로 마음먹었다. 스스로의 힘으로 등록금 문제를 해결할 수 있게 된 것이다. 그녀의 결정에 위튼 부부도 마치 자신들의 일인 마냥 뛸 듯이 기뻐했다. 하지만 뒤이어 다음과 같은 말도 빼놓지 않았다.

> "우리가 너에게 투자하려는 생각에는 변함이 없단다. 4년 동안 공부한 뒤 더 하고 싶으면 미국으로 유학을 오도록 하렴. 비야가 원래 공부하고 싶은 학문은 언론학이라고 했던가? 우리 집이 있는 유타 주 솔트레이크시티에 아주 좋은 언론전공 프로그램이 있는데, 대학원 공부는 우리가 시킬 수 있도록 해주렴. 알았지?"
>
> _『바람의 딸 걸어서 지구 세 바퀴 반 1』

4년 뒤 한비야는 유타대 언론대학원으로 유학을 떠났다. 국제홍보학을 전공하기 위해서였고 그녀가 머물렀던 곳은 솔트레이크시티 위튼 부부의 집이었다. 그들 부부의 도움으로 대학원 과정을 마친 것은 물론이다. 아무런 연고도 없었던 한비야와 위튼 부부. 그들 부부가 한비야에게 뿌렸던 선의의 싹은 어떤 결과를 낳았을까.

먼저, 한비야는 두 사람을 마음의 부모님으로 여기고 있다. 이러한 인연은 한비야의 인생을 아주 풍요롭고 따뜻하게 해주었다. 의외의 곳에서 만나게 된 따뜻함의 기억은 오래도록 유지되는 모양이다. 두 사람에게 받은 사랑의 씨앗이 그녀의 긴 여정 곳곳에서 새롭게 되살아나고 새롭게 꽃피운 것이 여러 번이다.

미얀마의 초등학교 선생님 '남모모라인'. 의무교육이긴 하지만 초등학교 등록금과 학용품 및 교과서는 학생들이 부담해야 하는 게 미얀마의 교육시스템이었다. 한비야는 한 아이가 찾아와 남모모라인과 몇 마디를 주고받은 뒤 울먹이며 돌아서는 모습을 목격하게 되었다. 등록금을 낼 수 없어 학교를 그만둘 수밖에 없었던 아이에게 남모모라인은 등록금에 상관없이 수업에 들어오라며 격려했지만, 자신이 교과서까지 사줄 형편은 못되었던 것. 랑군까지 겨우 돌아갈 차비밖에 없었던 한비야가 등록금이 얼마인지 물어보았더니 140키아트라는 대답이 돌아왔다. 1달러도 채 안 되는 금액이라는 것이다!

그렇게 적은 등록금을 내지 못해 우는 아이가 있다니. 이번 학기에만도 등록하지 못한 아이들이 열 명이나 된다고 한다.

"오, 남모모라인. 내가 그 아이 1년치 등록금을 낼게요. 그 아이뿐 아니라 여태까지 돈 못 낸 아이들 것도 다 내줄게요."

호롱불빛 아래 고개를 들고 나를 쳐다보는 남모모라인의 놀란 눈동자가 반짝인다.

"진심이에요. 진심으로 내주고 싶어요."

고개를 끄덕이며 다짐을 하자 그제야 남모모라인은 얼굴에 차분한 미소를 떠올리며 고개를 숙인다.

_『바람의 딸 걸어서 지구 세 바퀴 반 3』

베트남 호찌민에서의 일이다. 더운 날씨에 배낭을 지고 숙소를 찾느라 땀을 흘리다 보니 음식을 잘못 먹고 일어난 두드러기가 더 심해졌다. 엎어진 김에 쉬어간다고 그녀는 간만에 거리 뒷골목에 있는 하루 10달러짜리 미니 호텔을 찾았고 그곳에서 일하는 '투이'라는 아가씨를 알게 되었다. 이후 메콩 델타의 룽 후엔에 있는 그녀의 집에 방문해 며칠간 머무르기로 하는데, 10평 정도의 이층집에 아홉 식구들이 화장실도 없이 어렵게 살고 있는 그런 곳이었다. 큰딸과 아들 내외가 샌드위치를 팔아 하루 3, 4달러 정도를 벌어 간신히 먹고사는 집이었지만, 가족들간에 서로 아껴주는 마음이 인상 깊었다.

뒤따라온 투이는 집에 와서도 하루 품삯 900원의 일을 하는 서른 살의 맹렬 여성이었는데 기술을 배워 더 나은 삶을 개척해 보고 싶지만, 6개월 과정에 수업료가 100달러나 드는 컴퓨터 수업은 그녀에게 꿈과 같은 것이었다. 그녀의 형편으로는 어림도 없는 수준이었기 때문이다. 한비야는 그런 투이에게 손을 내밀었다. 그녀에게도 적지 않은 금액이었지만, 다른 어떤 사람에게는 엄청난 큰 힘이 될 수 있음을 알고 있기에 가능했던 일이다.

내게 100달러는 열흘 넘게 쓸 돈이다. 그러나 투이에게 100달러는 인생의 새로운 기회를 만들어줄 수 있는 돈이다. 나는 보름쯤 더 고생하면 되지만 투이에게는 일생이 달려 있다. 내가 절약해서 모은 100달러가 어떤 사람의 미래를 열어줄 열쇠가 된다면 언제라도 주고 싶다. 기꺼이 주고 싶다. 주는 기쁨이란 것이 이런 것일까. 사이공으로 돌아가는 발걸음이 나비처럼 가볍다.

_『바람의 딸 걸어서 지구 세 바퀴 반 3』

그리고 또 있다. 그녀의 중국어 과외선생인 왕샹. 시골에서 올라와 어렵게 생활하는 가운데 패기와 열정 하나만큼은 남달랐던 그를 한비야는 중국어 과외선생으로 채용했다. 일찍부터 온갖 일들을 도맡아하면서 치열하게 살고 있는 그가 현재 하고 있는 일은 학교의 커피자판기를 관리하는 일. 그런 그에게 자판기 사장이 사업을 그만두려 하는데 왕샹이 인수한다면 싼값에 모두 넘기겠다고 제안했다. 사업에 필요한 돈은 2,000달러. 하지만 왕샹에게 이를 인수할 돈이 있을 리 만무했다.

그날 저녁 곰곰이 생각해 보았다. 지금 내게는 한국에서 가져온 돈이 남아 있다. 그 돈이 통장에서 잠자고 있는 것보다 이 친구 경제 자립의 기반을 만들어주는 일이 훨씬 낫겠다. 그래, 내가 창업 자금을 빌려 줘야지. 왕샹을 사장님으로 만들어야지. … 왕샹은 돈을 모으면 전문학교에 가고 싶다고 했는데 그것도 좀더 일찍 할 수 있을 테고, 고향집 새로 짓겠다는 꿈도 이룰 수 있을 거고.

_『한비야의 중국견문록』

한비야는 세 딸의 어머니다. 월드비전을 통해 소개받은 아이들로 에티오피아, 몽골, 방글라데시에 살고 있다. 피를 섞지는 않았지만, 아무런 연고도 없는 젊은 날의 그녀에게 따뜻한 손길을 내밀었던 위튼 부부도 있지 않았던가. 바로 그 손길을 이제는 한비야가 내밀고 있다. 그녀의 따뜻한 손길은 세계여행을 마치고 월드비전 긴급구호팀장으로 일하던 현장에서도 계속된다. 그녀는 아프가니스탄의 구호 현장에서 통역 일을 하는 열아홉 살 난 '소하일'에 관심이 많다. 그가 일하는 야학을 찾아 일일 교사 일을 자원하는가 하면, 그 자리에서 한 달에 50달러 하는 임대료도 두 달치를 내주기도 했다. 아프가니스탄의 미래에 100달러를 투자한 것이다. 마치 20여 년 전 위튼 부부가 그랬던 것처럼 말이다.

이제 겨우 열아홉 살이지만 품위와 애국심이 넘쳐흐른다. … 그런데 나는 솔직히 소하일에게 투자하고 싶다. 이 똘똘하고 올곧은 아이에게 대학 교육의 기회를 줄 수 있다면 얼마나 좋을까. 분명히 그 아이는 자신이 받은 혜택을 개인의 영달이 아니라 공공의 이익을 위해 쓸 것이기 때문이다.

_『지도 밖으로 행군하라』

1998년 5월, 7년간의 세계일주 대장정을 마치고, 이어 1999년 4월 두 달에 걸쳐 800킬로미터에 이르는 국토종단을 모두 끝낸 한비야는 이듬해에 곧바로 중국으로 떠났다. 이제는 좀 쉬었으면 하는 게 가족들의 바람이자 그녀의 생각이었지만 결국 그녀는 2000년 3월 15일 베이징 공항에 발을 디뎠다. 달라진 점이라고는 커다란 이민 가방을 들고 1년 동안 중국어 연수를 떠나왔다는 점이다. 중국어는 그녀가 반드시 익혀야 할 외국어였을 것이다. 날로 높아지는 중국의 위상과 유엔의 여섯 개의 공식 언어 중 하나이자 세계 인구의 4분의 1이 사용한다는 점을 떠올리면 전 세계를 무대로 일하려는 그녀가 중국어를 외면할 순 없지 않은가. 하지만 한비야가 중국으로 향한 이유는 따로 있었다.

다름 아니라 중국어를 배우고 싶기 때문이다. 이것이 앞으로 내 인생에 어떤 보탬이 되어서가 아니라 오래전부터 하고 싶었던 일이고, 지금이 그 일을 시작하기에 가장 적당한 때라고 생각하기 때문이다. 어떻게 1년이란 시간과 노력을 투자하면서 거기서 얻을 수 있는 실제적인 이익을 따져보지 않느냐고? 나라고 따져보지 않았겠는가. 하지만 나는 '머릿속 계산' 보다 '마음의 소리'를 따르기로 했다.

_ 『한비야의 중국견문록』

마흔셋의 나이에 '중국어를 배우고 싶다'는 단 하나의 이유만으로도 중국으로 달려갈 수 있는 한비야! '5년만 더 젊었어도……' '내가 젊었을 땐 말이야……' 하며 자신을 정당화하거나 현실과 타협하는 경우가 어디 한둘인가. 군대를 다녀온 20대 초반의 복학생들이 '기억력이 예전 같지 않아서……'라거나 '이 나이에……'라며 다 늙은 마냥 행동하기도 하는데 그녀는 마흔셋의 나이에 온갖 좋은 제안을 마다하고 중국으로 훌쩍 떠나버렸다. 2~3년만 열심히 공부하면 죽을 때까지 쓸 수 있는 그야말로 남는 장사가 외국어 공부다. 마흔이 갓 지난 나이다 보니 앞으로 40년은 더 써먹을 수 있는 외국어 공부를 마다할 이유가 없단다. 더구나 말할 때 돈 드는 것도 아니고, 입만 가지고 다니면 되는 일이니 얼마나 간

편하고 경제적인지 그저 기특하기만 하다는 게 한비야식 사고방식이다. 이런 한비야에게 누가 쉰이 훌쩍 넘은 나이라느니, 결혼도 못 했고 집도 절도 없어 노후가 막막하다느니 하며 그녀의 철없음을 훈계하려 들겠는가. 더 나아가 그녀는 나이가 전부는 아니며 세상의 고정관념에 구속되지 말기를 그리고 끊임없이 지도 밖으로 행군하라고 한다. 그녀 스스로 보여주는 바로 그 온몸의 메시지를 통해서 말이다.

한비야의 대표작
『바람의 딸 걸어서 지구 세 바퀴 반』 1~4권, 푸른숲, 1996~1998년
『바람의 딸, 우리 땅에 서다』, 푸른숲, 1999년
『한비야의 중국견문록』, 푸른숲, 2001년
『지도 밖으로 행군하라』, 푸른숲, 2005년
『그건 사랑이었네』, 푸른숲, 2009년

2

고도원
책 읽기로 인생의 내공을 키워라

고도원

희망편지의 원조 발신자. '고도원의 아침 편지'라는 제목으로 2001년 8월에 첫 발송을 시작한 이래 2011년 12월 현재 그의 편지로 아침을 열어가는 사람들이 280만 명에 달한다. 연세대 신학과를 나와 김대중 정부 시절 대통령 연설담당 비서관을 지냈으며 현재는 아침편지문화재단의 이사장으로 재직 중이다. 전국의 수많은 아침 편지 식구들의 힘을 모아 2010년에 충주에 명상센터 '깊은 산속 옹달샘'을 열어 활동영역을 넓혀가고 있다.

편지 한 통의 놀라운 힘을 처음 선보인 뉴스레터는 '고도원의 아침 편지'다. 취미로 시작한 이 뉴스레터는 쉽고 보편적인 내용을 다루며 대중의 인기를 얻었다. 그 과정을 통해 서서히 성장하며 수많은 사람들과 공유된 '고도원의 아침 편지'는 책으로 엮였고, 온·오프라인을 넘나들며 커뮤니티를 만들었으며, 하나의 비즈니스와 재단이 되었다. '고도원의 아침 편지' 이후 그것의 성공을 벤치마킹한 뉴스레터의 변종들이 많이 등장했다. CEO들의 편지 쓰기가 늘어난 것도 그 영향 때문이라고 할 수 있다.

_ 김용섭, 『페이퍼 파워』

아침에 일어나 컴퓨터를 켜고 인터넷을 통해 밤새 세상이 안녕한지 그리고 별일 없는지 둘러본다. 그중에서 메일을 확인하는 건 기본 중의 기본이자, 생활 속 의식으로 자리 잡은 지 꽤 되었다. 굳이 하나를 덧붙이자면 메일함 안에 잔뜩 배달된 쓸데없는 편지들(이른바 스팸메일)을 청소하는 것도 하루를 여는 일과 중의 하나다. 며칠만 내버려두어도 그 양을 무시 못 할 정도로 무차별적으로 쏟아지는 스팸메일의 양은 상당하다.

'고도원의 아침 편지'가 자리를 잡으면서 이와 유사한 수많은 편지들이 덩달아 날아들었다. 그 제목도 가지가지. '~사랑방'이니

'~레터'니. 하지만 유사상표는 그냥 유사상표일 뿐. '고도원의 아침 편지'는 그 누구도 쉽사리 대신할 수 없다. 이런 메일들은 열지도 않고 곧바로 쓰레기통으로 직행이다.

「뿌리깊은 나무」와 고도원

「뿌리깊은 나무」라는 잡지가 있었다. 창간호에 '일천구백칠십륙년삼월'이란 유별난 표기를 했던 이 잡지는, 그 내용은 차치하더라도 당시로서는 보기 드물게 좋은 재질의 종이에다 누가 보아도 두고두고 인상에 남을 수준 높은 사진이 많았다. 「뿌리깊은 나무」의 가장 큰 특징은 표지 인물에 있었다. 월간지 표지 인물이라 해봐야 유명 연예인이나 사회 저명인사가 대부분이었던 당시, 「뿌리깊은 나무」는 '보통 사람'을 모델로 활용하는 파격을 선보였다. 그런가 하면 흔해 빠진 일상을 소재로 한 사진을 표지로 삼기도 했다. 예쁘게 찍은 것도 아니고 있는 그대로를 드러낸 표지 사진이 남달랐던 잡지였다.

인터넷 중고 사이트를 뒤지다 보니 「뿌리깊은 나무」 창간호 사진이 있었다. 노동으로 다져진 두 손으로 쌀을 한 움큼 들어 올린 모습을 손만 클로즈업해서 찍은 사진이다. 1976년 3월에 창간되어 1980년 8월에 강제 폐간되기까지 발간된 54권 전권이 매물로 나와 있다. '이 잡지의 진면목을 알아보시는 분께서 구입하셨으면 합니다'라며 희망가격으로 50만 원을 책정해 놓았다. 창간호를 비롯해 전권이 고이 간직되어 왔다니 반갑고 누구인지 모르겠지만 그저 고마울 따름이다. 만만치 않은 가격이면 또 어떤가. 가격은 곧 제품의 '가치'를 뜻하는 것이거늘.

이제와 생각해 보니 좋은 재질과 많은 사진은 제조원가를 높이는 감점요인이며, 모델이 입은 한복은 선진국 대열에 오르려 앞으로만 달려가던 당시의 입장에선 뜬금없는 과거로의 회귀요, 과거의 것에 대한 집착이었다. 게다가 누군지도 모를 보통 사람들을 표지 인물로 사용하다 보니 사람들의 눈길을 잡아끌 수도 없었던, 그야말로 '경영의 기본'을 제대로 알기는 했었는지가 의심스러워 보이는 잡지다.

돈을 낙엽처럼 태운다!
이것은 내가 5년여 동안 기자로 일했던 「뿌리깊은 나무」의 故 한창기 사장의 말이기도 하다. 그분은 「뿌리깊은 나무」 잡지 창간 초기, 엄청난 적자를 걱정하는 주위 사람들에게 이렇게 말하곤 했다.
"자기가 오랫동안 꿈꿔온 의미 있는 일을 위해서라면, 돈을 낙엽처럼 태울 줄 알아야 한다."

내 골수에 깊이 박힌 이 말은, 그 이후 내 인생 행로에 가장 강력한 영향을 미친 인생지침의 하나가 되었다. 내가 꿈꿔온, 의미 있는 일을 위해 돈을 낙엽처럼 태운다! 이 꿈은, 나 자신뿐 아니라 내 자식에게도 물려주고 싶은 꿈이 되었다.

_『꿈 너머 꿈』

하지만 세월이 지나고 보니 「뿌리깊은 나무」는 지금 봐도 전혀 손색이 없는 뛰어난 잡지였다. 창간호 사진처럼 40여 년이 지난 지금 보아도 잡지가 지향했던 방향성과 썩 잘 어울리는 사진이 있는가 하면 당시로서는 아주 드물게 '오래된 태극기'를 표지 삼은 것 하며 어느 것 하나 예사롭지가 않다. 오래된 그때 그 잡지를 펼쳐보아도 세월의 간극이 느껴지지 않을 정도로 상당히 앞서간 잡지, 그 어두운 시대에 이런 책이 가능했던 이유는 한창기 사장이라는 걸출한 인물이 있었기 때문이다. 그리고 고도원은 그를 통해, 그리고 월간 「뿌리깊은 나무」를 통해 무럭무럭 자랐던 사람이다. 거기서 고도원을 만났다. 내게 고도원은 「뿌리깊은 나무」의 고도원이었다. 「뿌리깊은 나무」와 떼어놓고 생각하기 힘든 그런 고도원 말이다.

특이한 이름이라 더 쉽게 기억에 남았던 이름 고도원. 하지만 언제부턴가 「뿌리깊은 나무」가 더 이상 나오지 않았다. 잡지사가 망한 건지 아니면 판매가 제대로 되지 않아 폐간한 건지 알 수가 없었다. 나중에 알고 보니 1980년에 집권한 신군부에 의해 강제 폐간된 것이었다. 그러는 사이에 고도원에 대한 기억도 점점 잊혀졌다.

그렇게 그의 이름을 까맣게 잊고 지낼 즈음에 한 통의 편지를 받았다. 인터넷이 일상이 된 2001년의 어느 날, '고도원의 아침 편지'라고 시작되는 이메일을 누가 내게 보내주었다. 이후에 알게 된 것이지만 '아침 편지'는 2001년 8월 1일부터 시작되었다. 고도원은 첫 편지에서 루쉰의 『희망은 길이다』 일부를 인용하며 자신의 생각을 함께 담았다. 그리 길지 않은 내용이었지만, 그 여운은 상당히 오래 남았던 편지였다.

희망이란
본래 있다고도 할 수 없고 없다고도 할 수 없다.
그것은 마치 땅 위의 길과 같다.
본래 땅 위에는 길이 없었다.
걸어가는 사람이 많아지면
그것이 곧 길이 되는 것이다.

_ 루쉰의 『희망은 길이다』 중에서

그렇습니다. 희망은 처음부터 있었던 것이 아닙니다.

아무것도 없는 곳에서도 생겨나는 것이 희망입니다.

희망은 희망을 갖는 사람에게만 존재합니다.

희망이 있다고 믿는 사람에게는 희망이 있고,

희망 같은 것은 없다고 생각하는 사람에게는

실제로도 희망은 없습니다.

인생의 기본기, 독서

세계 최대의 모터 회사인 일본전산(日本電産)과 이를 키운 나가모리 사장. 하지만 그 시작은 보잘것없었다. 한적한 시골에 자리한 이제 막 시작하는 작은 회사다 보니 무엇보다 와서 일할 직원을 구하는 게 여간 어려운 것이 아니었다. 이제 막 사업을 시작하는 입장인 나가모리 사장으로서는 이왕이면 좋은 직원을 뽑고 싶을 터. 그러다 보니 번번이 채용이 무산되고 말았다. 보다 못한 그의 장인은 이것저것 가릴 게재가 아니라며 우선 기본기가 있는 사람을 뽑아 키워서 쓰라고 말한다. 그러면서 기본기가 제대로인 사람을 고르는 기준으로 '밥 먹는 게 빠르고 용변 보는 게 빠르고, 셋는 게 빠른지'를 보라고 말하는 것이 아닌가.

군 생활을 오래 했던 장인의 의도를 알아차린 나가모리 사장은 그때부터 입사시험의 방식을 완전히 뒤바꿨다. 자신감을 봤던 '큰소리로 말하기 시험', 긍정적 태도를 평가한 '밥 빨리 먹기 시험', 꼼꼼함을 보았던 '변소 청소', 투지를 알아본 '오래달리기' 시험 등 그야말로 기상천외한 방법들을 동원한 것이다. 하지만 일처리를 뚝 부러지게 할 사람인가를 알아보고자 했다는 면에서는 크게 다르지 않다. 모두 삶의 '기본기'를 보려는 의도였던 것이다.

고도원의 삶의 '기본기'는 독서였다. 어릴 적부터 꾸준히 해온 독서는 그의 삶에 확실한 기본기가 되어주었다. 그는 오래전부터 책을 읽다가 공감 가는 부분이 있으면 밑줄을 그어놓곤 했다. 그렇게 그어놓았던 글귀를 밑천 삼아 친구와 가족들에게 보내기 시작한 게 아침 편지였다. 그 편지에 감동받은 사람이 주위 사람들에게 '아침 편지'를 추천하고 그 사람이 다시 이웃에게 알리는 사이, 이제는 매일 300만 명에 가까운 사람들이 그의 편지를 받아보게 되었다. 그리고 그 편지를 바탕으로 명상센터까지 아우르는 '아침편지문화재단'에까지 이르게 된다. 모두가 기본기가 탄탄했던 탓이 아니고 무엇이겠는가.

독서는 고도원의 인생에 소중한 밑거름이 되었다. 그에게 책은 인생의 든든한 버팀목이었던 것이다. 그렇기에 재산 목록 1호는 당연히 책일 수밖에 없다. 그냥 그런 책이 아니라 선친이 물려주신 책이다. 그는 이 책들을 단 한 권도 버리지 않았다. 단기 4228년(서기 1895년) 초판본 가격 1,700환이라 쓰여 있는 아놀드 토인비의 『역사의 연구』는 지금도 자신의 사무실 책상 곁에 두고 가끔 꺼내 읽곤 한다. 거기서 젊은 시절 아버지의 모습을 만난다. 밑줄을 쳐놓으신 부분을 통해 아버지의 심정이 되어보기도 하고, 중요한 부분이라 여겨 접어놓았을 흔적을 통해 돌아가신 아버지를 느껴보기도 한다. 그렇기에 아버지가 물려주신 책은 고도원에게 책 이상의 의미를 지니고 있다. 그분의 눈물이고 전 재산이었던 책, 그분의 영혼이고 삶 전체였던 그 책을 오늘도 마음속에 품고 살아가는 것이다.

아버지가 돌아가시고 얼마 뒤의 일이다. 아버지가 물려주신 책, 어렸을 적 매를 맞으며 읽었던 책을 다시 읽게 되었다. 그러다가 아버지가 그어놓은 밑줄을 발견하게 되었다. 그 밑줄 그은 글을 읽는 순간 나는 전류에 감전된 듯한 느낌을 받았다. 돌아가신 아버지의 밑줄에서 살아 있는 아버지의 숨결을 느낀 것이다. 요즘에도 나는 아버지의 책이 내 영혼 속에서 난로가 되어 있음을 느낀다. 아버지가 밑줄 그었던 토인비의 글귀가, 어린 시절 내가 아버지의 귀에 들리도록 소리 내어 읽었던 릴케의 시와 셰익스피어의 소네트가 내 남루한 머리와 마음의 한 켠을 따뜻하게 채우고 있음을 알게 된다. 그 아름다운 글귀들 때문에 내가 깨닫고 사랑할 수 있게 된 것은 얼마나 많았을까? 몸속의 난로, 그것은 내 영혼 속에서 결코 식지 않는다.

_『나무는 자신을 위해 그늘을 만들지 않는다』

목사님이셨던 그의 아버지는 당시 대부분의 시골 교회 목회자와 마찬가지로 경제적으로 매우 곤궁하셨다. 사례비로 받은 보리 한 가마나 쌀 반 가마에 3남 4녀를 포함한 온 가족의 목숨이 달려 있던 힘든 시절이었다. 하지만 책 욕심만큼은 누구보다 많았던 분이었다. 어려운 살림에 끼니마저 제때에 챙기기 어려운 상황에서도 아버지의 책 욕심은 그칠 줄 몰랐다. 한 숟가락이라도 더 먹을 요량으로 형제끼리의 싸움도 마다않던 아이들, 보다 못한 어머니는 식구들의 배고픔을 조금이라도 덜기 위해 고구마 이삭을 주우러 다니곤 했다. 수확이 끝난 남의 밭을 파헤쳐 주인이 놓친 고구마가 없는지 뒤져보는 것인데, 이따금 덩굴째 남겨진 고구마를 발견하기도 했다. 하지만 대부분 잘려진 고구마 부스러기를 걷어오는 날이 더 많은, 고되고 서글픈 일이 바로 고구마 이삭 줍기였다. 그 와중에도 아버지는 온 가족의 며칠 혹은 몇 주치 식량보다 더 비싼 책을 사오곤 하는 것이었다. 그것도 외상으로 말이다. 그러니 이를 그대로 지켜볼 어머니가 아니다.

"또 책을 사셨어요?"
그러면 아버지는 겸연쩍은 목소리로, 때로는 비굴해 보이기까지 하는 표정을 지으며 어머니를 달랬다.
"그러면 어떡하란 말이오. 목사가 책을 보아야 생각도 하고 설교도 하고 할 것 아니오."
그러면 어머니의 목소리는 더욱 커졌다.
"내가 한 달 내내 고구마 이삭을 캐봐야 당신이 읽는 책 한 권 값도 나오지 않아요."
부부싸움이 끝나면 아버지는 서재에서 책을 읽으며 마음을 달래셨다. 한 권 한 권 어렵게 산 책이기에 무엇보다 애지중지하며 다루셨다. 집 안에 공간이 있는 곳이면 어디나 책이 쌓였다. 붉은 벽돌을 쌓고, 그

위에 나무판자를 대고 책을 쌓고, 다시 책이 많아지면 붉은 벽돌을 쌓고 그 위에 다시 나무판자를 올려 책을 쌓았다.

_ 『나무는 자신을 위해 그늘을 만들지 않는다』

나는 소년 시절 아버지에게 매를 맞으면서 그 책들을 읽었다. 그때로서는 고통이었고 고문이었다. 모든 것이 이해할 수 없는 것투성이였다. 나는 아버지에게 맞지 않기 위해, 책을 읽은 것처럼 성의 없이 아무 곳에나 줄을 긋기도 했고, 아주 가끔은 정말 재미있는 부분이 있어 열심히 읽기도 했다.

_ 『나무는 자신을 위해 그늘을 만들지 않는다』

그런 아버지는 무섭게 아이들을 다그쳤다. 힘들게 구한 책이라 열심히 읽으라는 것인지, 아니면 물려줄 것이 없는 시골 교회 목사다 보니 책을 통해 아이들에게 일생에 필요한 기본기를 갖춰줘야 한다고 생각하셨는지도 모를 일이다. 고도원은 책을 제대로 읽었는지 확인하고 심드렁하다 싶으면 매를 들면서까지 책 읽기를 강요하는 아버지를 이해할 수 없었다. 아직 어린 그에게 책은 괴로움과 두려움 그 자체였다.

돌아보면 모두가 장애물이 아닌 징검다리

그는 대학 시절 「연세춘추」(연세대 대학신문) 학생 기자가 되어 편집국장 자리에까지 올랐다. 그러나 유신이라는 시대적 상황 앞에 여러 번의 필화 사건을 겪었고 끝내 긴급조치 9호로 학교에서 제적을 당하게 된다. 감옥생활 뒤, 강제징집으로 군에 입대하여 만 3년 만에 제대를 하지만 그를 받아주는 곳은 어디에도 없었다.

운동권 학생이라는 전력이 있으면 섣불리 받아주기가 어려운 시절이다 보니 임시직은 물론, 일용직 자리 얻기도 쉽지 않았다. 그는 자신이 할 수 있는 것이라고는 자영업, 즉 장사밖에 없다는 생각에 궁리 끝에 학교 앞에서 문방구를 차려보기로 결심했다. 하지만 그마저도 사기를 당해 수중에 있던 전 재산은 날아가 버렸다. 문방구점 주인으로 평범하게 살아가려던 그의 꿈이 산산조각이 나버렸으며 하늘이 노래졌고 앞이 캄캄해졌다. 수중에 돈 한 푼 없었고, 누구 하나 도와줄 사람도 없어 아무것도 보이지 않는 절체절명의 순간이었다. 하지만 그에게는 딸린 식구가 있었다. 가장인 그가 쓰러져서는 안 될 일이었다.

우여곡절 끝에 웨딩드레스 장사를 하게 됐다. 아현동 골목에서 시작한 그는 정신없이 돈을 벌었다. 하지만 워낙 힘든 일이었기에 아내는 두 번이나 유산을 겪는다. 바로 그 즈음에 한 무명 잡지사가 기자직을 제의해 왔다. 물질적으로 풍요로웠지만 정신적으로는 오히려 더 메말라가던 시절이었기에 뛸 듯이 기뻤다. 잊고 지냈던 글쟁이 기질이 다시금 용솟음 쳤고 벌써 기자가 된 것 같은 생각에 세상을 다 가진 것처럼 느껴졌다. 하지만 무슨 이유에서인지 일주일 내로 연락하겠다던 잡지사로부터 아무런 연락이 없었다.

과거 운동권 전력이 마음에 걸리긴 했지만 '그게 벌써 언제적 얘기인데……' 하며 스스로를 위로했다. 기대를 가득 안았던 일주일, 그 일주일 동안 그는 전화기 앞을 단 한시도 떠나지 못했다. 아니, 꼼짝할 수 없었다. 그게 어떤 자리인데, 그토록 오매불망하던 바로 그 자리. 하지만 어쩌겠는가, 도무지 연락이 오질 않았다. 하는 수 없이 꿈을 접은 그는 큰 실의에 빠졌다. 그날 이후 잡지사에서 걸려오는 전화벨 소리 환청에 6개월이나 시달렸을 정도로 그 충격은 너무나 컸다. 그런 그가 「뿌리깊은 나무」의 기자가 되었다. 이름 없는 잡지사가 아니라 큰 꿈을 갖고 막 시작한 「뿌리깊은 나무」의 창설 멤버, 정규 직원이 된 것이다. 그는 온 세상을 다 가진 것 같았고, 아무것도 부러울 것이 없었다.

첫 월급 10만 원을 받았을 때 그 기분이란! "이렇게 재미있는 일을 하는데 돈까지 주네!" 하는 기분이었던 그곳, 뒤늦게 얻게 된 그렇게 바라던 기자직이었던 터라 열정을 가지고 온몸을 불태웠던 바로 그 「뿌리깊은 나무」는 아쉽게도 오래가지 못했다. 신군부에 의해 잡지는 강제 폐간 되었고, 그는 다시 실직자가 되었다. 전 재산을 날려버린 문방구점 사건과 없던 일이 되어버린 잡지사 기자직 제의에서 힘들게 일어났던 고도원은 그토록 자랑스러웠던 「뿌리깊은 나무」의 폐간으로 회복할 수 없는 충격을 받았다. 연이은 삶의 거대한 난관 앞에 그저 무기력하기만 했다. 그러나 그는 지나온 삶을 돌이켜보며 수많았던 고난들이 결코 장애물만은 아니었음을 깨닫게 된다. 장애물이 아니라 오히려 모두가 구원의 손길이었다고 말하니 그 발상이 참으로 놀랍다.

그러나 말이다. 그로부터 한참의 세월이 흐른 후 뒤돌아봤을 때 나는 놀랐다. 내 인생의 길을 가로막는 끔찍한 장애물이라고 생각했던 것들이, 실은 나로 하여금 내가 꿈꾸는 길로 제대로 걸어올 수 있도록 도와준 징검다리였던 것이다. 만약 문방구를 하려고 했을 때 사기를 안 당했다면, 지금의 나는 과연 어찌 되었을까? 아마도 지금까지 어느 고등학교 앞에서 문방구를 열심히 운영하고 있지 않았을까? 아내가 유산을 하지 않아 웨딩드레스 장사를 계속했다면? 지금도 서울 아현동 고개에서 웨딩드레스 장사에 흠뻑 빠져 나날이 번창해 있을지도 모른다. 「뿌리깊은 나무」가 폐간되지 않았다면 지금쯤 그 회사의 임원이

좋은 글로 시작하는 하루

그는 대학신문 편집국장으로, 「뿌리깊은 나무」 기자로, 5년을 활동했다. 「뿌리깊은 나무」가 폐간되자 절망에 빠진 그를 데려간 곳은 「중앙일보」였다. 그것도 한 번도 만난 적 없는 경제부장이 그의 글 솜씨를 보고 일간신문 기자로 특채한 것이다. 거기서 고도원은 15년간의 기자 생활을 더 했다.

　중앙일보에서 남다른 글 솜씨를 뽐내던 그의 글재주가 눈에 띄었던지 평민당 총재였던 김대중 후보가 대통령에 당선되면서 대통령 연설문과 기고문 초안을 작성하는 담당 비서관(1급 공무원)으로 그를 불렀다. 대통령의 글을 담당하는 공직을 맡게 되었다는 것은 그의 글 솜씨가 대한민국 최고라는 세상의 평가를 받게 되었다는 뜻이다. 비록 5년간 단 4일간의 휴가만 받았을 정도로 힘든 시절이었지만 반면에 영광스러운 자리인 것도 분명했다. 게다가 1년도 쉽지 않을 그 자리에서 그는 5년 내내 대통령과 함께했다. 5년 이상 있는 것은 불가능한 일이라 여겨질 정도로 부침이 심했던 자리였는데 대통령의 재임기간 내내 함께할 수 있었던 배경에는 어려서부터 계속해 온 꾸준한 독서의 힘이 있었다.

어릴 적부터 작성해 온 독서카드 중에서 매일 하나씩을 골라 어려움을 겪고 있는 친구들에게 보내주면서부터 시작된 '고도원의 아침 편지'. 하루를 시작할 때 좋은 글을 읽으면 하루가 달라질지도 모른다는 생각에 시작했던 그의 '아침 편지'는 이제 아침을 깨우는 대한민국 최고 최대의 신선한 청량제가 되었다. 그런 그의 글 쓰기에 바탕이 된 책 읽기. 그가 말하는 독서법은 과연 어떤 것일까?

좋은 책과 나쁜 책은 분명히 있다. 그러나 그것을 가리기 전에 먼저 무조건 읽으라고 권하고 싶다. 만일 100권의 나쁜 책 중에 한 권의 좋은 책이 들어 있으면, 그 한 권의 좋은 책으로 인해 아흔아홉 권의 나쁜 책들이 차츰 밀려나는 것이 독서의 신비다. 그것이 우리의 정신구조다. 그것은 마치 깊은 산속 옹달샘에 떨어진 잉크 방울과 같다. 당장은 검게 물들겠지만, 언젠가는 맑은 물에 의해 씻겨 나가게 마련이다. 썩

그들은 어떻게 읽었을까

은 물이 고여 있는 곳에 맑은 물방울을 퐁퐁퐁 떨어뜨리기 시작하면, 시간이 지나 남는 것은 맑은 물이다. 나쁜 것은 저절로 쓸려간다. … 열다섯 살에 봤다면 나쁜 영향을 미쳤을 악서도, 성숙해진 다음에 읽으면 양서일 수 있다. 왜냐하면 모든 것이 다 경험이자 영감의 원천이 되기 때문이다. 혹, 피가 뜨겁던 젊은 날에는 몸이 화끈거리고 정신이 피폐해지게 하는 자극적인 책을 읽었다면, 어느 시점에서 그것을 바라봤을 때는 그 너머에 있는 세상을 볼 수 있다. 모든 경험은 다 지식이 된다. 자신에게 선별할 눈이 생길 때, 독초도 약초가 될 수 있다. … 육체의 음식은 적게 먹어야 하지만, 마음의 양식은 포만감이 들 정도로 많이 먹어야 한다. 아무리 많이 먹어도 넘치지 않는다.

_ 신영복 외, 『한국의 명강의』, 고도원 편

그의 꿈은 네 가지다. 첫 번째 꿈은 대한민국의 모든 사람에게 '고도원의 아침 편지'를 배달하는 것이다. 이메일을 가진 대한민국의 모든 분들이 아침마다 메일함을 열고 '고도원의 아침 편지'를 읽고 그날 하루를 상큼하게 행복하게 시작하는 것. 그래서 아침마다 작은 미소와 잔잔한 행복감이 바이러스처럼 향기처럼 소리 없이 퍼져나가는 것이 그의 첫 번째 꿈이다. 두 번째 꿈은 아침 편지를 영어로 만들어 전 세계 사람들에게 보내는 것이다. 'A Morning Letter from Godowon' 또는 'A Morning Letter from

The East'라는 이름으로 그의 편지를 제대로 번역해낼 전문가의 도움이 필요한 일이다. 한국인이 만든 마음의 비타민으로 세계인의 행복과 평화에 도움이 되길 바라는 것, 바로 이것이 그의 두 번째 꿈이다. 세 번째와 네 번째 꿈은 다소 엉뚱해 보이기도 하는 '책 읽고 밑줄 긋기 대회'와 '나의 꿈 장학사업'이다.

전 국민의 '책 읽고 밑줄 긋기 대회'. 한 사람이 최소한 세 권 이상의 책에 밑줄을 그어 보내면, … 저와 몽골 또는 티베트 여행을 동행하는 부상과 함께 일생일대의 다시없는 배움과 추억의 시간을 갖게 하는 것, 그래서 인생을 변화시키는 계기를 갖게 하는 것, 그것이 저의 세 번째 꿈입니다. 저의 네 번째 꿈은 … '나의 꿈 장학사업'입니다. … 평생 이루고 싶은 '나의 꿈'이 무엇인지를 적어 내고, 그 꿈을 이루기 위해 노력한 흔적과 증거를 제시하게 하여 선발하는 것입니다. … 장학생에게는 장학금은 물론 또 하나의 특권이 부여됩니다. 그것은 '나의 꿈'을 이루는 데에 도움이 될 만한 다른 사람 한 명을 선정할 수 있는 권한입니다. … 그렇게 선정된 사람에게도 별도의 장학금이 따로 지급됩니다.

_『나무는 자신을 위해 그늘을 만들지 않는다』

그는 어떤 사람을 만나느냐가 인생을 바꾸고 운명을 바꾼다고 믿는다. 오늘의 그에 이르기까지 유별난 독서로 그를 다그쳤던 아버지와의 만남, 그의 삶에 큰 본보기가 되었던 「뿌리깊은 나무」의 한창기 사장과의 만남, 그리고 김대중 대통령과의 만남 등 자신의 삶 곳곳에서 큰 영향을 끼쳤던 만남이 한둘이 아니었기에 '만남'의 중요성을 누구보다 강조하는 그다. 그런데 사람과의 만남 못지않게 중요한 만남이 또 있다. 바로 책과의 만남이다. 무한대의 지식과 간접 경험의 보고인 책이기에 그는 사람들에게 책과의 깊은 친교를 가능케 하는 밑줄 그으며 책 읽기를 원한다. 이를 구체화시킨 것이 '책 읽고 밑줄 긋기 대회'다.

"학생은 꿈이 뭐예요?"
"교수가 되는 거예요."
"교수가 돼서 뭐 하시게요?"
"그냥……."
…
"꿈이 뭐예요?"
"백만장자가 되는 겁니다."
"백만장자가 돼서 뭐 하시게요?"
"잘 먹고 잘살려구요."

...

"이 꿈들이 꼭 이루어지기 바랍니다. 과학자가 되고 교육자가 되고 백만장자가 되기를 바랍니다. 그러나 이 세 학생에게는 '꿈 너머 꿈'이 없습니다. 과학자가 되고 교육자가 되고 백만장자가 된 다음에 무엇을 하겠다는, 바로 그 무엇! 꿈 너머 꿈이 없는 것입니다."

_『꿈 너머 꿈』

카이스트 대학원생 500여 명을 대상으로 한 강의에서 고도원은 학생들의 꿈에 대해 물었다. 젊은이들을 만나면 즐겨 물어보는 질문이었던 것이다. 하지만 이곳이 어떤 곳인가. 대한민국 최고의 수재들이 있다는 카이스트 아닌가. 국비로 운영되는 인재양성의 요람인 그곳. 내일의 우리 사회를 짊어질 미래의 인재들이었건만 그가 느낀 충격은 꽤 컸다.

꿈이 간절하지 않다는 것이 먼저 눈에 띄었다. 꿈이 있으면 행복해지고 꿈 너머 꿈이 있으면 위대해지는 것이 바로 꿈의 힘이다. 그런 꿈이 없다는 것은 큰 문제다. 게다가 학생들이 생각하는 꿈이라는 것이 사실은 그가 보기에 뭔가 부족했던 것이다. 그래서 그는 여러 번 '그렇게 되면 뭘 할 거냐'고 물었다. 무엇보다도 학생들이 얘기하는 꿈이 그가 보기에 그리 좋은 꿈처럼 보이지 않아 충격이 더 컸다. 혼자만 잘 먹고 잘살겠다는 학생의 꿈에 그는 더 이상 참지 못한다.

자기 혼자만 잘살겠다는 천박한 꿈은 이루어진다면 오히려 재앙이 될 지도 모른다고 말했습니다. 손전등을 가지는 게 꿈이라면, 손전등을 자기 발밑만 비추는 게 아니라, 옆 사람까지 비춰줄 수 있어야 합니다. 자기중심적 꿈에서 벗어나 이타적인 삶으로 한 걸음 내딛는 순간 위대한 발걸음이 시작됩니다.

"세상에 수많은 대통령이 있지만 링컨은 단 한 사람입니다. 그에게는 남다른 이타적인 꿈이 있었기 때문입니다. 꿈 너머 꿈이 있었기 때문 입니다. 꿈을 가진 사람, 꿈을 이룬 사람은 행복을 이루고, 성공자가 될 수 있습니다. 그러나 꿈 너머 꿈을 가진 사람은 위대해질 수 있습 니다!"

_ 신영복 외, 『한국의 명강의』, 고도원 편

그도 처음부터 꿈을 가진 건 아니었다. 2001년 8월 1일 이전에 는 생각도 못 했던 수많은 그의 꿈들이 하나하나 현실화되었다. 이 중 상당수가 황당해 보일 법한 그런 꿈이었기에 그 결과는 더 놀라웠다. 60만 평에 이르는 세계적인 명상센터를 오직 꿈만으로 설계하고 실현한 것도 그렇고, '아침 편지'가 '아침편지문화재단'

으로 커져가는 그 놀라운 변신도 그렇다.

이 모두가 가능했던 가장 큰 이유는 좋은 꿈이었기 때문이다. 자신만의 잇속이 아니라 세상을 밝고 맑게 하겠다는 좋은 꿈 말이다. 삶이 팍팍하고 정신적으로 빈곤한 세상 사람들에게 매일 힘과 용기를 주는 희망의 편지를 보내겠다는 큰 꿈이었다. 하지만 이 과정에서 가장 큰 힘을 얻은 사람은 바로 그 자신이었다. "많은 사람에게 희망을 나눠줄 수 있어 좋은 점도 있지만, 사실 이 일의 가장 큰 수혜자는 바로 나다. 10년째 이 일을 해오면서 나 또한 많이 성장했다. 아침 편지는 내가 가장 힘들 때 내 머리에 바람을 통하게 해준 고마운 존재다."

돈이 아니라 좋은 꿈이 있어 가능한 일이었기에 그는 세상 사람들 모두가 저마다의 꿈을 가지길 바란다. 꿈이 있으면 행복해지고 꿈 너머 꿈이 있으면 위대해진다는 믿음에는 변함이 없다. 그리고 이 모든 꿈의 실마리는 바로 책에서부터 비롯된 것이었다.

고도원의 대표작

『꿈 너머 꿈』, 나무생각, 2007년
『한국의 명강의』(공저), 마음의숲, 2009년
『사랑합니다, 감사합니다』, 홍익출판사, 2011년

3

신정일
가지지 못한 것에 불평하지 말라, 책이 양식이다

신정일

문화사학자이며, 사단법인 '우리 땅 걷기' 이사장. 1980년대 중반 황토현문화연구소를 설립하였으며, 동학의 역사와 소외된 지역문화 연구를 비롯, 우리나라의 근현대사를 재조명하기 위한 사업을 진행 중이다. 국내의 문화유산 답사 프로그램이나 전통 세시풍속의 복원 작업 등이 그 예다. 그는 우리나라의 산천을 사랑하여 곳곳의 명승지는 물론 10대 강이나 400여 개의 산을 도보로 답사했으며, 관동대로 등의 옛길과 바닷길을 따라 동해 트레일을 제안하고 이름조차 없는 오지들을 이 잡듯 두루 다녔다.

신정일과 베르나르 올리비에(Bernard Olivier). 한국과 프랑스가 국적인 이 두 사람은 여러 가지 면에서 서로 겹친다. 학교 중퇴, 열렬한 독서광, 그리고 언제나 떠날 준비가 돼 있는 '길'의 사나이라는 점에서 그렇다.

베르나르 올리비에는 가난 때문에 열여섯 살에 고등학교를 그만뒀고 신정일은 초등학교를 마지막으로 학교를 끝냈다. 독학한 사람들이 많이들 그렇듯, 베르나르 올리비에는 열렬한 독서광이다. 특히 역사 분야를 탐독했는데, 역사학자 페르낭 브로델(Fernand Braudel)은 그가 신과 같이 떠받드는 사람이다. 신정일 역시 1만 권의 책을 소장하고 있는 독서광이자 『조선을 뒤흔든 최대의 역모사건』과 같은 책을 쓴 역사학자다. 마지막으로 두 사람 모두 '걷기'를 통해 새로운 삶을 발견하고 열어나갔다.

베르나르 올리비에는 정치부 기자 및 경제·사회면 칼럼니스트로 30년을 보낸 언론인이었다. 하지만 은퇴 후 터키 이스탄불에서 이란, 투르크메니스탄, 키르기스스탄을 거쳐 중국 시안(西安)까지 자신이 걸었던 '길'을 통해 도보여행가로의 새로운 삶을 열었다. 장장 1만2천 킬로미터의 거리를 4년에 걸쳐 오직 도보로만 치러냈던 베르나르 올리비에! 한마디로 '인간이 상상할 수 있는 가장 긴 여정'을 완주한 것이다.

'공부하라'는 말을 들어본 적 없는 자의 진짜 공부

신정일은 또 어떤가. 일주일에 사흘은 전국 곳곳을 누비고 다니며, 하루 평균 100리를 걷는다! 지난 30여 년간 그가 오르내린 산은 400여 개가 넘고 우리 땅 남쪽의 강이란 강과 길이란 길은 모조리 답사했다. 1년 중 절반을 풍찬노숙(風餐露宿)하며 지내는 그의 삶을 강호동양학연구소장 조용헌은 '인생 8할이 그의 발 냄새 배인 길'이라고 표현할 정도다. 그 누구도 이룬 적 없는 전인미답의 8대강(한강, 낙동강, 금강, 섬진강, 영산강, 만경강, 동진강, 한탄강) 주파는 물론, 조선시대 우리나라의 큰 길이었던 영남대로, 삼남대로, 관동대로 등의 옛길을 복원하는 마음으로 더듬어가며 올랐다. 그런가 하면 부산에서 통일전망대까지 600여 킬로미터의 동해 트레일을 되살리고 이를 책으로 펴내기도 했다. 하지만 도보여행가라는 말로 그를 표현하기에 뭔가 부족해 보이는 것은 그의 활동영역이 꽤 넓기 때문이다.

그는 2001년부터 우리 강 따라 걷기의 일환으로 금강 1천 리, 섬진강 530리, 한강 1,300리를 탐사한 걷기 전문가임이 분명하다. 하지만 1980년대 중반 황토현문화연구소를 발족하여 동학농민혁명과 관련된 여러 사업들을 전개해 왔으며, 전라세시풍속보존회를 설립하여 잊혀가는 전통 세시풍속 보존에 힘써온 한편, 『동학

의 산 그 산들을 가다』『지워진 이름 정여립』『조선을 뒤흔든 최대
역모사건』『울고 싶지? 그래, 울고 싶다』『대동여지도로 사라진
옛고을을 가다』 등의 책을 집필해 남다른 안목과 한학(漢學)이 어
우러진 역사학자의 면모를 보여주었다.

　최근에 사람들은 그를 '문화사학자'라 부르고 있다. 활동 영역이
넓다 보니 한 마디로 그를 표현하기가 쉽지 않았기 때문이리라.

　다양한 영역에서 전문가 수준으로 활동하고 있는 이 시대의 확
실한 르네상스인인 신정일은 초등학교 졸업 이후 스스로의 힘으
로 거친 세상을 헤쳐나온 강한 의지의 소유자다. 어려운 가정 여
건으로 진학의 꿈을 이룰 수 없었지만, 배움의 간절함에 항상 목
말랐기에 거의 모든 것을 독학으로 채워나갔다. 수많은 책들이 그
의 힘이 되어주었고 때로는 새로운 길을 열어주었다. 그의 방마다
꽉 들어차 있는 1만여 권의 책이야말로 오늘의 그를 만든 주인공
들이다.

　자크 랑시에르(Jacques Ranciére)의 『무지한 스승』이라는 책은
1818년 네덜란드 루뱅 대학을 배경으로 하고 있다. 이 대학에 부
임한 조제프 쟈코토는 학생들에게 프랑스어를 가르쳐야 했지만
실은 네덜란드어를 전혀 못 했다. 그가 아는 건 프랑스어가 전부
였다. 학생들과의 의사소통이 불가능한 교수가 진행하는 수업, 다
소 황당해 보이는 이 실험은 어떻게 끝을 맺을 것인가?

쟈코토는 먼저, 프랑스어-네덜란드어 대역판인 『텔라마코스의 모험』을 학생들에게 건네주며 "네덜란드어 번역문을 사용해서 프랑스어 텍스트를 익히라"고 하였다. 몇 주의 시간이 지났으리라. 그쯤 해서 쟈코토는 "익힌 것을 쉼 없이 되풀이하고 나머지는 이야기할 수 있을 만큼만 읽으라"고 시켰다. 물론 통역하는 사람을 통해서 지시한 것이다. 그 이외에 수업을 통해 그가 한 것은 아무것도 없었다. 학생들은 그저 읽고 외울 뿐이었다.

학기말이 되자, 그간의 학습(사실은 자습)을 바탕으로 프랑스어로 쓴 에세이를 제출하라고 시켰다. 그런데 놀라운 것은 결과가 기대 이상이었다는 점이다. 네덜란드어를 모르는 쟈코토는 문법은 물론, 철자법조차 가르쳐줄 수 없었다. 하지만, 엉터리 선생(사실은 엉터리 선생이 아니라 네덜란드 말을 할 줄 몰랐던 선생) 아래서 학생들이 써낸 문장은 초짜 수준이 아니라 한 줄 한 줄이 거의 작가 수준이었다. 『무지한 스승』은 이와 같이 놀라운 일이 '어떻게 가능했을까'와 '그렇다면 교육의 진정한 의미는 무엇일까' 하는 점을 집중적으로 다루고 있는 책이다. 정말, 어떻게 이런 일이 가능했을까?

담당 교수인 쟈코토로부터 아무런 도움도 받을 수 없었던 학생들은 자신들이 아는 (네덜란드) 단어에 상응하는 프랑스 단어와 그 단어들의 어미가 변화하는 이치를 '혼자서' 찾아냈던 것이다. 그들은 네덜란드어와 프랑스어 대역판을 비교해 가며 단어들을 '넘겨짚었을' 것이고, 두 나라 언어를 오가며 자신의 생각을 구체화해 나가는 식으로 스스로 프랑스어 실력을 쌓아갔던 것이다. 그런 식으로 계속하다가 자신도 모르는 사이에 어느 순간 프랑스어를 터득하게 된 것이다. 이 모두가 혼자서 할 수밖에 없었던 상황이 가져다 준 의외의 결과였다. 게다가 그들이 참고 삼은 책이 당대 최고의 작가가 쓴 문학 작품이다 보니 이를 텍스트로 삼아 공부한 그들이 작가 수준에 준하는 에세이를 쓴 것은 어찌 보면 당연한 일이 아니었을까.

"사람은 저마다 그의 재질과 성격을 결정하는 개인 특유의 기질을 타고나는데, 이는 변화시킬 수도 강요할 수도 없는 것이며, 오로지 각자가 만들어가고 완성시켜 나갈 수 있는 것이다."

루소의 말이다. 중요한 것은 독학이다. 스스로 배우는 것! 신정일은 독학을 몸소 실천한 사람이기에 우리가 금과옥조처럼 떠받들고 있는 정규교육에 대해서도 남다른 생각을 갖고 있다. 정규교육이 맞는 사람도 있지만 자기 나름대로 공부법을 가지고 공부하는 게 더 나은 사람도 있다고 보는 그는 스스로 깨우치는 자득(自得)이야 말로 진정한 공부법이라고 말한다.

현장이 답이다

일찍부터 중학교에 진학하지 못할 것이라고 이미 예정되었기 때문에 공부를 해도 그만, 안 해도 그만이었다. 그래서 청소년 시절 어느 누구에게도 '공부해라'라는 소리를 들어본 적이 없다. 아버지, 어머니, 할머니, 심지어 담임선생님에게서도 그랬다. ··· 사람에게는 누구나 거쳐가야 할 길이 있는데 나는 운명인지 아니면 우연인지 모르지만 그 '공부해라'라는 말을 들을 수 있는 기회가 없이 지나간 것이다. 그러나 달리 생각해 보면 나는 정규 학교를 다니지 않았기 때문에 시험이라는 것을 볼 필요가 없으므로 누구에게서든 '공부해라'라는 소리를 듣지 않았다. 중고등학교를 졸업하기 위해서 시험을 보나, 대학 입시를 위해서 시험을 보나, 아니면 어디 취직을 하기 위해서 시험을 보나 오직 시험과 상관없는 공부만 할 수 있었던 것은 어쩌면 내게 행운이었다.

그 대신 내가 좋아하는 공부만 할 수 있었다. 사람들이 말하기를 시험을 보기 위해서 공부를 하면 시험을 보고 나면 다 사라지기 마련이라는데, 내 경우는 달랐다고 할까? 내가 좋아하는 책만 읽고 내가 좋아하는 공부만 하다 보니 스펀지에 물이 스미듯, 화살이 되어 내 가슴에 들어와 박히듯 그 책의 내용들이 내 가슴에 들어와 피가 되고 살이 되었다.

_『느리게 걷는 사람』

피터 드러커의 꿈은 '사람들이 목적을 달성할 수 있도록 도와준 사람으로 기억되는 것'이었다. 피터 드러커는 그에게 영향을 받은 수많은 사람들을 통해 영원히 기억되길 원했던 모양이다. 그런 그가 뛰어난 인재로 가득한 하버드 대학의 교수 자리를 네 번이나 거절한 것은 꽤 유명한 얘기다. 가르치는 일에 남다른 의욕을 보여온 그였기에 하버드 대학 제안을 거절했던 결정은 많은 궁금증을 자아냈다. 후에 피터 드러커는 그 이유를 '현장을 포기할 수 없었기 때문'이라고 했다. 현장에서 깨닫는 한두 가지가 강의실에서 듣고 배우는 백 마디보다 훨씬 더 중요하다는 것을 알고 있었던 그로서는 당연한 선택이었을 것이다.

그가 보기에 이른바 명문대학이라 불리는 아이비리그 대학들이 내리는 경영학에 대한 정의는 너무나 좁고 단편적이었으며, 하버드 대학의 제의를 받아들이게 될 경우 일주일에 하루라는 '외부 컨설팅 규정'을 수용해야 했다. 이것이 피터 드러커의 결정을 어렵게 만들었다. 그에게 경영의 핵심은 '현장'이었다. 경영에 필요한 살아 있는 지식은 '책상'이 아니라 '현장'에 있다고 생각했기에 하버드 대학에 가서 '죽은 경영학'에만 매달릴 수는 없었던 것이다.

현장을 중시하고 산 지식을 중시한다는 점은 평생을 들로 산으로 바람처럼 흘러 다니는 신정일도 마찬가지였다. 신정일은 초등학생 시절, 아버지와 함께 산에 처음 오른다. 그때 산에서 직접 보고 익혔던 생생한 체험은 평생을 통해 그에게 든든한 힘이 되어주었다.

가을 산의 풍요로움에 눈뜬 때는 아마도 초등학교 2, 3학년 무렵이었을 것이다. … 아침에 눈뜨고부터 저녁 어둠이 내릴 때까지 언제나 바라보던 그 산들이 철마다 옷을 갈아입는 그 경이도 경이지만 봄이면 온갖 나물들이 반찬이 되고 가을에는 도토리들이 묵이 되어 양식이 된다는 사실이(어린 시절 도토리묵을 질리도록 먹었기 때문에 필자는 지금도 묵을 잘 먹지 않는다) 내게는 얼마나 진한 감동으로 다가왔던가.

그 산속 구석구석을 헤매다니기 시작한 것은 그로부터 몇 년이 지난 뒤였다. 어느 날 아버님이 "산에나 가자" 하고 내 등에 작은 망태를 매어주었던 것이다. 틈나는 대로 아버님을 따라 산에 다니며 봄나물 중에도 으뜸인 고비는 열두덜에서 많이 나고 참두릅은 국골에서 많이 나며 더덕은 선각산 정상 바로 아래 부근에서 나는 것이 씨알이 굵다는 것도 알게 되었다. 산에서 나는 약초와 먹을 수 있는 열매에 대한 것뿐만 아니라 산에 대한 종합적인 지식들을 많이 배웠던 시절이었다.

『나를 찾아가는 하루 산행』

설악산 산행 중 만개한 야생 표고버섯을 따다 표고 된장국을 끓여 먹은 일이나 화엄사 바로 위에서 으름과 다래로 포식했던 일 하며 전국 곳곳에 추억이 서리지 않은 곳이 없을 정도다. 산행 중에 채집한 더덕이나 산나물 덕에 반찬 걱정 없이 어디든 갈 수 있었던 신정일. 남다른 그의 달란트는 나무와 풀에 대해서 조금 더 알고 그중에서 먹을 수 있는 것과 못 먹는 것을 가려내는 생생한 깨우침이 있었기 때문이다. 오로지 시골에서만 보냈던 청소년 시절과 정규교육을 받지 못한 대신 아버지를 비롯한 가족들로부터 살아남는 데 필요한 삶의 지혜를 제대로 터득할 수 있었던 어린 시절의 소중한 경험이 있었기에 가능했다.

신정일에게 어느 순간 자연이 보이기 시작했다. 새싹이 돋고 꽃이 피고, 열매를 맺고 익는 게 보이기 시작했다. 자연의 순리가 느껴졌다. 매화꽃이 핀 다음 산수유가 그 뒤를 잇는가 하면, 진달래꽃과 비슷하게 벚꽃이 피었으며 찔레꽃이 뒤이어 피었고 자주색 오동나무 꽃이 피고 지면 밤꽃이 핀다는 게 몸으로 느껴졌다. 학교에선 도저히 배울 수 없는 귀중한 경험이었다.

그는 지금도 나이 쉰이 넘은 사람들이 뽕나무에 매달린 오디나 벚나무에 달린 버찌를 처음 먹어봤다고 감격해하는 것을 보면, 씁쓸할 때가 많다. 돌이켜보면 자연과 벗하며 보낸 그의 삶에서 자연은 중·고등학교였고, 대학교였으며 연구실이자 도서관이었을 것이다. 자연과 책에서 인생의 모든 것을 다 배웠다는 그이기에 나이를 제법 먹은 지금도 가을 산에만 가면 신이 난단다. 그의 표현대로 '자연 대학교' 만세다!

언젠가 한의사를 비롯한 여러 사람들과 산행을 한 적이 있다. 내 고향 진안고원의 지붕 같은 산인 선각산을 택했다. 그 산에 봄이면 산 당귀와 곰취, 그리고 알이 굵은 더덕과 잔대, 그리고 고비 같은 봄의 미각을 돋우는 귀한 산나물이 지천으로 나기 때문에 싱싱한 나물을 채취하기 위해서였다. 그런데 놀라운 것은 명문 한의대를 나온 한의사가 산 당귀를 비롯한 산의 약재를 처음 보았다는 것이었다. 말을 들어보니 그의 말이 이해가 되었다. 학교에서는 마른 약재만 가지고 실습을 한다는 것이었다. 그러다 보니 허준이나 유의태처럼 온 산천을 돌아다니며 약재를 채취하는 실습을 하지 않고서도 한의사가 된 것이다. … 학교에서 수학이나 영어만 가르칠 게 아니라 먹을 수 있는 풀이나 못 먹는 풀, 먹어도 되는 산과일과 약이 되는 풀이나 나무 들에 대해 가르쳐야 할 것이다.

_『느리게 걷는 사람』

오직 독학으로 써내려간 35권의 책

어느 가을날이었다. 교실 한편에서 우두커니 서 있는 나를 선생님이 불렀다. "너 이번에 글짓기 대회에 나가야 되겠다. 아무개가 아파서 못 나간다는구나."

그 무엇 한 가지도 자신이 없었던 나였지만 선생님의 말에 뭐라 변명도 못 하고 선생님을 따라 그렇게 글짓기 대회에 나갔다. 아스라한 기억의 파편들을 모아보면 당시 떨어지는 노란 은행잎을 바라보며 글을 썼던 것 같다. 그리고 그 대회에 나간 것을 까마득히 잊고 있던 어느 날이었다. 선생님이 나를 다시 불렀다. 무슨 일인가 싶어 교무실로 갔더니 만면에 웃음을 띤 선생님이 내게 다음과 같은 기쁜 소식을 전해주었다.

"네가 이번 글짓기 대회에서 장원을 했다는구나. 너는 글을 쓰는 작가가 되면 좋겠다."

_『느리게 걷는 사람』

신정일의 꿈은 그때 선생님의 말 한마디에 결정되어 버렸다. 전교생이 모인 가운데 상장을 받으며 신정일은 자신의 결심을 다시 한 번 되새겼다. 글을 쓰는 작가가 되기로 결심한 것이다. 여러 권의 베스트셀러를 포함해 수십 권의 책을 쓴 인기 작가 신정일의 첫 시작이었다. 하지만, 작가가 되려는 그 앞에 놓인 삶은 여간 어려운 것이 아니었다. 상장을 받아들고 잔뜩 들뜬 마음으로 집에 돌아왔건만 어머니는 행상을 나가 아직 돌아오지 않았고, 아버지는 술에 취해 쓰러져 있었다. 마루에 뒹굴던 소주병들과 먹다 만 쉬어 비틀어진 김치가 눈에 들어왔다. 작가가 되리라는 그의 높은 이상과 달리 그가 내딛고 서 있는 현실은 유난히 힘들고 괴로웠던 것이다. 그래서 예비작가 신정일의 머릿속은 캄캄할 뿐이었다.

몇 년 전 가을이었다. 『조선을 뒤흔든 최대 역모사건』을 내고 「한겨레신문」의 한승동 선임기자와 인터뷰 도중에 기자가 내게 물었다.
"선생님, 지금까지 몇 권의 책을 쓰셨습니까?"
"35권의 책을 썼습니다."
내 말을 들은 한 기자가 한참을 있다가 내게 다음과 같이 말했다.
"선생님은 35개의 박사 학위를 받은 것이나 다름없습니다."

_『느리게 걷는 사람』

100여 명에 이르는 학생 중 중학교에 갈 수 있는 학생이라곤 20명이 되지 않았다. 대부분 가정형편상 진학을 포기하는 상황이다 보니 6학년 수업이 제대로 될 리 없었다. 일부 학생들에겐 입시를 앞둔 터라 긴장을 늦출 수 없었던 고된 시간이었지만, 진학을 포기한 대부분 학생들의 입장에서는 학업도 수업도 거의 파장이다 싶어지는 무료한 시간이었다. 하지만 선생님들은 진학 예정자를 중심으로 수업을 진행할 뿐, 나머지 학생들에 대한 관심은 없었다. 그렇게 6학년의 막바지 수업은 그야말로 파행 그 자체였다.

부모님이나 할머니에게 물어보지는 않았지만, 신정일은 진학이 어렵겠다는 생각이 들었다. 중학교에 가고 싶은 마음은 굴뚝 같았지만, 가정 사정을 알고 있던 터라 현실을 받아들이는 방법 외에 그가 할 수 있는 것이라곤 아무것도 없었다. 많이 아쉬웠지만 신정일은 그 모든 현실을 받아들였다.

상급학교에 진학하기로 한 아이들은 모든 면에 자신이 있어 보였다. 가정형편이 어려워 중학교 진학을 포기한 절대다수의 아이들은 기가 죽었고 좌절했다. 한 학년이 두 학급에 불과한 자그마한 시골 학교, 하지만 가족같이 정다웠던 바로 그 학교 학생들이 중학교 진학파와 초등학교 마침파로 두 동강 나던 아픈 시절이었다.

입시를 치를 필요가 없었던 그는 이미 읽은 책들만 가득한 도서실을 들락거리며 시간을 보냈고, 방과 후에는 집에서 빌린 책을 보는 게 고작이었다. 그의 인생에서 처음이자 마지막이 되었던 초등학교 졸업. 그에겐 여전히 학교를 마저 다니지 못한 것에 대한 서운함이 남아 있다. 그럴 때마다 선생님들로부터 "이것은 절대로 하지 마라" "어디를 가지 마라" 등의 간섭을 받지 않고 살아올 수 있었다는 게 얼마나 큰 행운인가 하며 스스로를 달랜다. 그리고 그에겐 책이 있지 않았던가.

어렸을 때 역사소설을 재미있게 읽었는데 삼촌이 보던 소설 중에 내가 맨 처음 본 역사소설이 장덕조라는 소설가가 지은 『광풍』이었다. … 이 소설을 처음 접했던 때가 초등학교 2학년 때였다. … 어린 내가 얼마나 가슴 깊숙이 공감했는지는 알 수 없지만 이리저리 떠돌아다니며 자신만의 방식으로 삶을 살아가는 매월당에 깊이 매료되었다. 열 살도 안 된 어린 마음속에 자리 잡은 매월당을 주제로 이런저런 글을 쓰고, 그 매월당처럼 산천을 떠돌아다니며 살고 있는 것을 보면 어린 날의, 최초로 접한 책의 기억이 얼마나 중요한지를 깨닫게 된다. 그 뒤 두 번째로 읽은 소설이 소설가 박계형의 『머무르고 싶었던 순간들』이었다. … 그다음부터는 활자가 찍힌 책이란 책은 가리지 않고 읽어대는 책벌레의 시대였다.

_ 『느리게 걷는 사람』

　　요즘이야 책값이 그리 비싼 게 아니지만, 그 당시 책은 비싸고 귀해서 책 한 권 사는 것도 쉬운 일이 아니었다. 집에서 농사일을 도우며 지내던 그였기에 돈을 타 쓸 수 있는 입장도 아니었다. 그러다 보니 책 살 돈을 마련하는 일이 무척 힘들었다. 하지만 그런 어려움 속에서도 어떻게든 돈이 마련되면 책을 사러 읍내인 마령으로 나갔다. 그가 살던 백운이란 곳에는 서점이 없어 마령까지 섬진강을 따라 질러가면 시오 리 길이요, 평장리 손내 등으로 돌아가면 20리쯤 되는 거리를 가야만 했다. 하지만 책에 푹 빠져 있던 그에게 이쯤의 길이 무슨 문제가 되었겠는가. 정작 문제는 기쁜 마음으로 구입한 책을 집으로 돌아오는 길에 벌써 다 읽어버리게 되는 경우에 생겨났다.

땀을 뻘뻘 흘리며 마령에 가서 마음에 드는 책 서너 권을 고르면 돈은 바닥이 나지만 마음은 부자 못지않게 풍요롭다. 너무나 책에 굶주렸던지라 평지마을 지나면서부터 걸어가며 책을 읽기 시작했고 운교리에 도착하기도 전에 겨우 사온 책을 다 읽어버리고 말았다. 그때가 가장 난감한 때다. 읽고 난 후의 후련함이 아닌 아직 집에 갈 거리를 반절도 안 지났는데 다 읽어버린 것에 대한 허망함. 그게 얼마나 나를 쓸쓸하면서 허무하게 만들었는지 지금은 잘 모른다. 나는 그냥 강가에 무너지듯 주저앉아 버리고 말았다.

_『느리게 걷는 사람』

애써 모은 돈을 품에 지니고 책을 사러 가던 그 뿌듯함과 미친 듯이 읽어내는 탓에 돌아오는 도중에 벌써 다 읽어버린 허망함을 동시에 끌어안아야 했던 안타까운 시절이었다. 그러면 이내 길가에 떨어진 신문지 조각이라도 주워 읽어야 성이 차던 그런 일상이 오랫동안 계속되었다. 일종의 활자 중독증 내지 몰입증에 걸린 것처럼 무엇이든 읽을 것이 없으면 불안해하던 젊은 날의 습관은 여지껏 계속된다. 다니면서 간판이라도 읽어야 마음이 편해진다는 것이다. 모두가 치열하게 몰입했던 유년 시절의 독서 때문이다.

신정일은 성장과정에서 여러 번 이사를 다녔지만, 특별히 기억에 남는 곳은 없다고 한다. 어느 마을엔들 그 또래의 아이들이 없었을까만, 사귈 만한 친구를 찾아볼 수 없었고 그래서 별다른 기억이 남는 곳은 없다는 것이다. 사실 또래 아이들이 없었기 때문이라기보다는 이미 어린 시절부터 그의 생각이나 독서 편력이 또래 아이들 수준을 훨씬 뛰어넘어서 그 수준에 맞는 아이들이 흔치 않았기 때문은 아니었을까. 그 와중에도 동생과 중학교 동창인 이규진이란 학생은 기억한다. 그의 동생과 친구는 그를 위해 수많은 책을 빌려 날랐고, 그 덕분에 힘들이지 않고 많은 책을 읽을 수 있었기 때문이다.

이들을 통해 신정일은 운명적인 작가와 만나게 되었다. 바로 도스토옙스키. 그는 톨스토이와 함께 비평가들 사이에 19세기 러시아문학의 최고로 평가받는 거장이다. 바로 그 도스토옙스키를 만난 것이다. 정음사에서 나온 여덟 권짜리 도스토옙스키 전집을 통해서였다.

나는 그 책들을 접하는 순간 그 책들이 바로 「너는 내 운명」이라는 영화 제목처럼 나의 운명처럼 여겨졌고, 열예닐곱 나이에 그 책들을 며칠 만에 다 읽고 말았다. 지금도 집에 있는 그 당시의 도스토옙스키 전집은 글씨가 깨알같이 작았을 뿐더러 두껍기까지 했다.

_『느리게 걷는 사람』

지금껏 그가 만났던 수많은 책의 기억 중에서 단연코 최고의 책이라 칭하는 도스토옙스키 전집! 두꺼운 여덟 권의 책을 호롱불에 머리를 태워 가며 밤새워 며칠 만에 읽어내는 동안 신정일은 인간에 대한 많은 생각을 할 수 있었다. 달리 스승이 없었던 그는 책을 통해 많은 가르침을 받았다. 그리고 바로 그 책을 통해 또 다른 책을 알아가는 과정을 이어가며 책 읽기를 계속했다. 니체 전집을 읽은 후 성경책을 잡았다. 아직도 그 당시 읽었던 성경 구절들이 한 글자도 틀리지 않고 새록새록 떠오를 정도로 무서운 집중력을 가지고 읽어냈다.

알베르 카뮈를 통해 프란츠 카프카를 알았고 사르트르와 앙드레 지드, 괴테와 토마스 만, 허먼 멜빌 등의 세계문학전집이나 노벨문학상

전집을 탐욕스러울 정도로 읽었다. 니체, 키에르케고르, 하이데거, 플라톤, 쇼펜하우어 등이 나의 스승이었다. 한국문학에서는 장용학, 손창섭, 김동인, 이상을 비롯한 대부분의 작가들의 장편, 중편, 단편 문학작품을 다 읽었으며, 신구문화사에서 나온 『한국의 인간상』 등 내게 잡히는 모든 책을 가리지 않고 읽었다.

_『느리게 걷는 사람』

나를 살게 하는 힘

집에 있는 빠꼼이보다 돌아다니는 멍청이가 낫다라는 말이 있다. 책에서 배운 것, 신문, 방송, 영화에서 수없이 보고 들은 일을, 제 눈으로 직접 보고 온몸으로 겪어내는 것만큼 효과적인 공부는 없기 때문이다.

_ 한비야, 『한비야의 중국견문록』

신정일은 오랜 편력과 방랑을 바탕으로 '걷기'에 관한 한 우리나라에서 그 누구보다 '멀리 그리고 두루두루' 다닌 사람이다. 그럼에도 불구하고 북녘 땅 길이 열린다면 누구보다 먼저 길을 떠날 준비가 되어 있다. 평생 아는 것은 오직 '길' 뿐이었지만, 하나에 통달하면 전체와도 통할 수 있다는 사실을 보여주는 살아 있는 증거가 바로 신정일이다. 수십 년간 오롯이 길에만 매달린 그였지만, 이제는 다양한 주제로 사람들과 소통하는 '문화사학자'로 불린다.

'문화'와 '역사학'의 합성어가 '문화사학'이라면 문화와 역사의 범주에 들지 않은 것이 무엇이 있을 수 있겠는가. 그리고 이것을 본업으로 행하는 전문가를 '문화사학자'라 칭한다면 신정일이 다루어온, 그리고 앞으로 다룰 분야는 그야말로 무궁무진하다. '하나를 통하면 전체를 통할 수 있다'고 본 그의 생각은 옳았다. 더구나 책과 함께 소통했던 방식이기에 더더욱 그렇다.

나는 태어나면서 가지고 나온 두 발을 가장 신용한다. 두 발만 건강하면 느리긴 하지만 어디든 못 갈 데가 없기 때문이다. 거기에다 지금도 내가 처음 책을 만났던 그때처럼 변함없이 한 권의 책만 펼치고 있으면 세상의 다른 어떤 것에서 느끼는 기쁨보다 더한 행복을 느낀다. 그 어렵고 힘들었던 어린 시절 내 인생의 동반자인 책을 만났고 그 책들이 내 곁에 항상 있으면서 나를 채근하기도 하고 부추겨주었다. 그것이 지금껏 지치지 않고 포기하지 않고 나를 살게 한 힘이었다.

_ 『느리게 걷는 사람』

요즘 신정일의 마음은 예전과 달리 초조하고 안타깝다. 파울로 코엘료 이후 우리 사회에 불기 시작한 '산티아고 가는 길(산티아고 데 콤포스텔라)' 열풍을 비롯해 일본 에도시대의 길과 로마의 옛길을 찾는 도보여행자들이 부쩍 늘었기 때문이다. 바로 우리나라 사람들이 말이다. 길은 어디에도 열려 있건만 한국사람들이 애써 찾는 길은 따로 있다. 산티아고 데 콤포스텔라!

그가 보기에 아름다운 우리 산천에 비해 하나도 나을 것 없는 이런 길들에 돈과 시간의 공을 들이는 사람들이 야속하다 못해 안타까운 것이다. 우리 땅에 대한 사람들의 이해가 부족하기 때문이라고 그는 생각한다.

방방곡곡 수많은 길 위에 아로새겨진 역사에 대해 제대로, 그리고 빨리 알려야 하기에 그의 마음은 더 바쁘다. 길은 길 그 자체로 유의미함을 알고 있는 그이기에 유행병처럼 번져가는 특정 길에 대해 특별한 사랑이 바람직한 것은 아니라는 생각을 하고 있는지도 모른다. 베르나르 올리비에 역시 그의 책 『나는 걷는다 1』에서 분명히 말한다. 중요한 것은 길 그 자체라고 말이다.

내가 이곳에 있는 것과 내가 목표한 곳에 도달할 가능성에 대하여 생기는 의문의 답으로, 콤포스텔라 길에 관해 모니크가 했던 대답을 상기한다. 모니크는 나와 반대로 종교 차원에서 순례 길에 나선 여자였다. 나는 이렇게 말했다. "당신은 나보다 나은 명분을 갖고 있어요. 사도 야고보의 유골함을 만지는 것이 당신에게는 의미 있는 목표이기 때문이오. 하지만 신자가 아닌 내게 콤포스텔라의 대성당은 아무 의미도 없다오." 그러자 모니크가 대답했다. "하지만 콤포스텔라라는 목표는 당신뿐만 아니라 내게도 그다지 중요하지 않아요. 우리 모두에게 중요한 것은 목표가 아니라 길이니까요."

_ 베르나르 올리비에, 『나는 걷는다』

'누구를 만나느냐'가 '어디에 사느냐'보다 더 중요하다고 믿는 그다. 일찍부터 책을 만났고 그 책의 인연으로 남다른 삶을 살아가고 있는 그는 고학력자가 판을 치는 우리 사회에서 그 누구도 엄두조차 낼 수 없었던 우리 길, 우리 강 그리고 우리 역사 되살리기에 온몸을 던지고 있다. 초등학교 졸업이 전부라, 학력이라는 간판의 영향력에 빠져 있는 우리 사회의 기준으로 볼 때 대표적 취약계층에 속하지만, 그런 그를 누구보다 남다르게 만든 것은 책이었다. 그는 책과의 독대를 통해 삶의 여정을 헤쳐나왔던 그만의 방식으로 우리 사회가 잊고 있었던 우리 강산, 우리 것에 대한 기억을 되살리고 돌려놓았다. 그가 아니면 그 누구도 할 수 없었던 일! 그리고 그것을 가능케 만든 힘 역시 책이었다.

신정일의 대표작

『나를 찾아가는 하루 산행』, 푸른숲, 2000년
『다시 쓰는 택리지』 1~5권, 휴머니스트, 2004~2006년
『대동여지도로 사라진 옛고을을 가다』 1~3권, 황금나침반, 2006년
『조선을 뒤흔든 최대 역모사건』, 다산초당, 2007년
『관동대로』, 휴머니스트, 2008년
『신정일의 사찰 가는 길』, 자음과모음, 2010년
『가슴 설레는 걷기 여행』, 랜덤하우스코리아, 2010년
『느리게 걷는 사람』, 생각의나무, 2010년

4

구본형

꾸준히 읽으면
'내가 바라는 나'가 된다

구본형

그는 곧 기업이고 기업이 곧 그이다. 그는 스스로를 고용한 사람이기 때문이다. 더불어 그는 취미가 일이요, 일이 곧 취미인 사람이다. 그는 좋아하는 일을 기획하고 실험하고 정리하여 책으로 낸다. 알기 때문에 쓰는 것이 아니라 쓰기 때문에 참으로 알게 됨을 알고 있기에 책을 읽고 또 쓴다. 그 결과 나오는 것이 책이다. 책을 쓰는 과정에서 가장 많이 스스로 배우고 익힘을 경험하는 그에게 책은 그야말로 최고의 스승이다. IBM 영업관리부 부장이었던 그는 이제 대한민국 수많은 샐러리맨의 꿈 같은 존재가 되었다.

살아가면서 구본형을 써먹을 때가 자주 있다. 그렇다고 오해는 마시라. 내가 그의 이름을 떠올리는 경우란 스스로를 다그칠 때이며, 주위 사람들에게 용기를 주고 좀 더 결연해질 것을 당부할 때다. 내 기억 속의 구본형이란 이름에는 항상 요쉬카 피셔(Joschka Fischer)가 뒤따른다.

요쉬카 피셔! 그는 독일의 녹색당 당수로 한때 독일의 외무장관을 역임했던 정치인이다. 정치에 오랫동안 몸담다 보니 어느 순간부터 예전의 기백은 사라져버렸고 날씬하던 몸도 100킬로그램이 넘는 살덩어리가 된 지 오래였다. 하지만 그런 일상에서 벗어나기에 이미 한참이나 지나와버린 그에게 어느 날, 청천벽력 같은 소식이 전해진다. 철석같이 믿고 있었던 아내로부터 이혼 통보를 받은 것이다. 본인이 차면 찼을까 한 번도 내쳐질 것이라곤 생각도 못 했던 그에게 아내의 결별 선언은 충격 그 이상이었다. 50세의 문턱에서 지금껏 살아온 마냥 되는대로 살 것인지 아니면 완벽하게 거듭나 새롭게 변신할 것인지를 고민해야 할 중대한 순간을 맞딱뜨렸다.

그런 그를 구한 것은 요쉬카 피셔 바로 자신이었다. 방법은 매일같이 힘닿는 데까지 뛰어갔다 돌아오는 달리기였다. 말이 달리기지 사실은 헉헉 거리며 간신히 걷는 수준일 정도로 그의 몸은 많이 망가져 있었다. 하지만 그는 매일 자신을 격려했고 아침마다 달리는 거리를 늘려갔으며 마침내 예전의 몸매를 회복하는 데 성공했다. 112킬로그램의 뚱보에서 75킬로그램의 날씬이로 거듭난 것이다. 달리기를 통해 스스로를 단련했던 그는 녹색당 대표로 사민당과의 연정에서 외무장관으로 화려하게 정치 일선에 복귀했다.

경제경영서에 따뜻한 감성을 불어넣은 사람

구본형도 그런 사람이었다. 스스로를 이겨낸 사람. 그래서 구본형을 가끔 써먹을 때가 있다는 것이다. 그럴 때면 극적인 흥미를 약간 가미한다. 가끔은 강한 자극이 진실보다 더 효과적인 경우가 있기 때문이다. 내 설명은 이렇다.

"너 혹시 구본형이란 사람 들어봤니? 대한민국 최고의 직장이라 할 만한 IBM이란 회사에서 잘 지내던 사람이 있었거든. 너, IBM이란 회사가 어떤 회사인지는 알지? 봉급 최고에 근무조건 기가 막히고, 복지제도는 또 어떤데……. 그 좋은 회사를 한 20년 다니다 보니 어느새 몸매는 망가져 있고, 열정은 가물가물하며, 더 겁나는 것은 이런 안락한 생활에 푹 빠져 살다간 그야말로 이제 막 불 위에 얹어진 냄비 속 개구리가 되는 건 아닌가 하는 생각인 거지. 너, 그 얘기 알지. 따끈한 물 속에서 마냥 기분 좋은 개구리 말이야. 머지않아 물이 뜨겁게 끓어오르리라곤 생각도 못 하는 바로 그 개구리 같은 인생이 되지는 않을까 생각한 거지. 회사를 그만두면 어떨까, 다른 일을 하면 어떨까, 예를 들면 평소 하고 싶었던 일들 말이야. 바로 그런 일을 하면서 살아가면 어떨까 생각했지만, 주위에서 들려오는 얘기라곤 하나같이 '그 편한 직장 두고 웬 헛소리'였다는 거지. 하지만 그가 누구야! 구본형이잖아."

이쯤 되면, 듣는 사람의 관심이 상당히 쏠려 옴을 느낄 수 있다. 그 좋은 직장을 걷어치우고 나오려는 바보 같은 사람 얘기에는 누구나 빠져들기 마련이다. 이 대목에서 약간의 과장이 필요하다. 중요한 것은 진실이 아니라 자극이 필요한 사람을 앞에 두고 있다는 사실이다.

"회사를 그만두고 스스로의 힘만으로 살 수 있을지 그 자신도 선뜻 장담할 수 없었던 구본형은 마침내 한 달이라는 비교적 장기 휴가를 얻었어. 거울에 비친 예전 같지 않은 자신의 모습을 보면서 이런 생각이 들었지. '직장생활 20여 년 동안 군더더기처럼 달라붙은 살덩어리를 떼어낼 수 있을까. 그 힘들다는 다이어트에 성공한다면, 그 정도의 의지만 있다면 홀로서기도 가능할 텐데' 하고 말이야.

그는 홀로 서고 싶었어. 직장인으로서 종언을 고하고자 사직서를 내기에 앞서 자신의 의지를 시험해 보고자 했어. 그래서 포도 네 박스를 들고 지리산 암자에 올랐지. 거기서 거짓말 않고 포도만 먹고 한 달을 버텼던 거지. 너 포도 다이어트라고 들어봤지? 마침내 그는 예전의 몸으로 다시 돌아갔어. 서울로 돌아와 바로 그 다음날 사직서를 냈지. 그 힘들다는 다이어트에도 성공했는데 못 할 게 뭐 있나 싶었던 거지. 그러고는 책을 냈어! 사람들은 열광했고 마침내 그는 1년에 책 한 권 내고 그 인세로 살아가는 '스스로를 고용'한 평생 직업인의 길로 들어선 거야. 그가 그토록 원하던 삶을 스스로의 힘으로 쟁취한 거라구!"

약간의 각색이 없는 건 아니지만 구본형에 대한 위의 얘기는 사실이다. 20년간 그 좋다는 IBM을 다닌 것도 사실이고, 포도 다이어트로 예전의 몸매를 되찾았으며 책을 내고 그 인세로 살아가는 것까지 모두 사실이다. 다만, 이제는 유명해진 그를 찾는 사람들이 많다 보니 여기저기 특강을 다니는 활동이 많아진 게 다르다면 다를까. 공병호는 『1인 기업가로 홀로서기』에서 구본형을 '변화경영전문가, 구본형주식회사'로 표현하며 다음과 같이 그를 설명하고 있다.

소설가는 많다. 하지만 경영 관련 서적을 꾸준하게, 재미있게 쓸 수 있을 만한 사람을 발견하기란 쉽지 않다. 그래서 우리나라 서점의 경영 코너는 거의 미국 브랜드 일색이다. 이런 와중에 우리의 이야기를 담아서 '변화'라는 화두로 새로운 출판 영역을 만들어낸 사람이 있으니 바로 구본형 씨다. 그의 주력 분야는 집필이다. … 그의 글은 사람의 마음을 촉촉이 적시는 감성적인 면이 있다. 바로 그 점이 독자들로 하여금 그의 책을 계속 찾게 만드는 것인지 모른다. 아마도 그가 역사학과를 나와서 꾸준하게 책 읽기를 계속해온 것도 유리한 글 쓰기와 상관있을지 모른다.

_공병호, 『1인 기업가로 홀로서기』

남들이 보기에 바보 같은 결정을 내릴 수 있었던 것은, 무엇보다 그 자신이 간절히 원했기 때문이다. 하지만 간절히 원한다고 누구나 다 이룰 수 있는 건 아니지 않는가. 물론 그렇다. 그런 그를 구원한 것은 한 권의 책이었다. 직장생활 중에 틈틈이 준비한 원고를 모아 1998년에 출간한 『익숙한 것과의 결별』이 IMF로 대량실업시대가 현실화된 시대적 상황과 맞물려 대중적으로 큰 성공을 거두게 되었던 것이다. 그를 남다른 삶의 길로 이끈 것도 알고 보면 꾸준한 책 읽기와 글 쓰기였던 것이다.

내가 IBM이라는 거대한 기업으로부터 떨어져 나올 때, 나는 혼자였다. … 고독하고 외로웠고 아무런 안전장치도 가지고 있지 않았다. 그러나 나는 자유로웠고, 내가 가지고 있는 기질과 취향과 재능을 마음껏 발휘할 수 있었다. 나는 마음껏 읽었고 매일 두 시간씩 썼다. 기고했고, 방송했다. … 내가 가지고 있는 경험과 지식을 글로 표현할 수 있는 재능 ― 나는 이 재능밖에는 갖고 있는 것이 없다 ― 은 나를 구해주었다. … 다행스럽게 이것은 내가 무진장하게 가지고 있었고 계발할 수 있었고 가장 자신 있는 것이기도 했다.

_『내가 직업이다』

알면 알수록 두려움은 줄어든다

'점차 자유의 양을 늘리고, 시간이 지날수록 점점 더 자유로운 생활을 꿈꾸며' '하고 싶은 일을 하며 살기에도 인생은 짧은 것임을 알기에, 하고 싶은 일을 하며 살며' '그 일을 통해 아름다운 사회를 만드는 것'이 삶의 목표인 구본형. 오늘이 있기까지 그는 어떤 책들로부터 영향을 받아왔을까. 학부에서 역사학과를 나온 그는 대학원에서는 경영학을 전공했다. 이와 같은 학문적 배경을 가진 그는 인문학과 경영의 다양한 접점에 대한 관심이 누구보다 높다.

더불어 학부와 대학원 과정의 상이한 학문적 배경 탓에 그의 독서 스펙트럼도 훨씬 다양했으리라 유추할 수 있다. 실제로 그는 이러한 토대 위에 수많은 대중서를 발표해 오지 않았던가.

어떤 배움의 길을 걷든지 중요한 것은 독학, 즉 스스로 배우는 것이다. 독학의 기초는 책을 읽고 현장에서 적용할 수 있는 자신의 생각을 구체화시키는 것이다.

_『구본형의 THE BOSS』

조직이건 개인이건 '학습'이 중요한 이유는, 바로 변화가 수반하는 불확실성을 자신의 '통제' 하에 있는 '확실성'으로 전환시킬 수 있도록 도와주기 때문이다. 알면 알수록 두려움은 줄어들게 된다. 통제의 범위가 넓어지기 때문이다.

_『그대, 스스로를 고용하라』

하지만 간접적이나마 그의 책을 통해 그의 독서 이력에 대해 찾아보기가 쉽지는 않았다. 하지만 불행 중 다행이라고나 할까. 몇몇 제한적인 언급을 통해 그가 남다른 독서편력을 갖고 있음을 살펴볼 수 있었다. 만화와 무협지가 바로 그것들이다.

고우영 최대의 걸작은 『일지매』이다. 그의 『일지매』는 같은 제목의 소설들이 발끝조차 따라가기 힘들다. '매화는 눈 속에 피어 추위에 떨고, 어미는 어려서 되어 이별에 우네' 눈물로 적은 편지를 남기고 쫓겨나는 모정이 있다. 날콩처럼 배릿한 숨결의 소녀 삼꽃이 나오고, 앞니가 살짝 벌어진 환한 처녀 월희가 있다. 호랑이 잡는 박수동의 사랑이 있고, 영의정 김자점의 매국의 음모가 있다. 현장에 남는 금으로 된 매화꽃의 통쾌한 여운이 있고, 언제나 보리알만 한 이를 잡아 튕기는 뭔가 아는 스님이 있다.

_『낯선 곳에서의 아침』

그에게는 그 또래 연배 사람들이 가졌으리라 짐작되는 '만화를 우습게' 보는 관점이 없었다. 그가 고우영의 최대 걸작이라고 한 『일지매』에 대한 눈썰미가 예사롭지 않다. 한마디로 만화를 만화 그 이상으로 여기고 있다. 그러 면에서 그는 만화를 적극 활용하는 만화 예찬론자에 가깝다고나 할까. 여기서 그는 저마다의 수준에 따라 적절한 독서매체가 따로 있으며, 그중 하나로 만화라는 매체도 있다는 생각을 가감 없이 드러내고 있다.

나 역시 아이들에게 그들의 지적 한계를 넘어서는 지식의 전달을 경계한다. 가끔 아이들에게 고전 중에서 읽을 만한 책을 골라 주긴 한다. 그러나 그들이 관심을 가지지 않을 만한 것은 권하지 않는다. 나는 그들이 좋아할 만한 보조 자료로 고우영의 만화를 권한다. 실제로 시간이 날 때마다 시독자(視讀者)로서 나는 그의 만화를 즐긴다.

_『낯선 곳에서의 아침』

더불어 고우영에 대한 언급은 '만화가 중 단연 백미'라 했으니 최고의 헌사라 할 만하다. 더 놀라운 것은 고우영의 만화를 통해 우리 현대사의 한 단면을 읽어내는 남다른 통찰력이다. 상상력이 부재한 우리의 근·현대사, 일제 36년과 이어지는 군부독재 하에서 정신적 경직성을 벗어날 수 없었던 안타까운 우리 사회를 구본형은 고우영을 통해 다시금 확인하고 있다.

고우영은 얼마 안 되는 좋은 만화가 중에서 단연 백미라 할 수 있다. 만화가가 많지 않은 이유는 여럿 있겠지만, 추측컨대 근본적인 것은 우리 사회가 상상력의 빈곤이라는 치명적 약점을 가지고 있기 때문인 것 같다. 상상력은 정신의 유연성 속에서 나온다. 정신적 자유로움이 부족한 사람들은 대체로 권위주의적인 속성을 가지고 있다. … 한국 사회는 일제 36년간 이런 자들에게 시달렸다. 그리고 얼마 전까지 이런 자들의 계승자인 군부의 독재자들이 나라를 쥐고 흔들었다. 그들의 해악 중 가장 커다란 것 중의 하나가 바로 '정신적 경직성'을 온 국민에게 물려주었다는 것이다. 21세기는 상상력의 세기다. … 우리가 만들 수 없는 것은 오직 상상할 수 없는 것들뿐이다. 상상력은 힘이고 국가적 자산이다. 한국의 현대사가 잃은 것은 바로 이 상상력이다.

_『낯선 곳에서의 아침』

무협지에 대한 그의 관심 또한 유별나다. 무협지에 빠진 사람들에 대한 세간의 평가 즉, '허무맹랑한 이야기에 시간을 죽이는 한심한 사람들'이라는 평가에는 무덤덤하다. '가공의 기괴한 인물들이 아무렇게나 사람을 죽이고, 페이지마다 피를 철철 흘리는' 언뜻 보기에 천편일률적인 내용에다가, 읽고 난 후 '아무것도 남지 않는다'는 세상 사람들의 삐딱한 눈길에도 흔들림이 없다. 어디 그것뿐이랴. 그는 일에 치이거나 마감해야 할 일들이 산적해 있을 때 특히 무협소설을 그리워한다. 밤 새워 읽어야 직성이 풀릴 책이 있을 정도로 그는 무협지를 좋아한다.

나는 일에 지치거나 시간에 맞춰 무슨 일을 끝내야 할 처지에 놓이게 되면, 언제나 무협소설이 보고 싶어진다. 운 좋게 재미있는 것을 고르게 되면 밤을 새워 읽는다. 읽을 시간이 없을 만큼 일에 쪼들릴 때는 그 일을 끝을 낸 다음날, 책방에서 몇 권 빌려와 방바닥을 뒹굴며 본다. … 나는 김용의 소설을 좋아한다. 실제로 나는 책방에서 빌려 오는 대신 그의 소설을 사기도 하는데, 내 처는 그것을 이해하지 못한다. 아마 보지 않아서 그럴 것이다. 본다고 하더라도 빠져들지는 않을 것 같다. 왜냐하면 그녀는 잔잔한 현실 생활을 다룬 가정적인 것을 좋아하므로 아마 취향이 다를 것이다. 처음에는 한심한 눈으로 나를 보더니 요즘은 그러려니 한다.

_『낯선 곳에서의 아침』

만화면 어떻고 무협지면 또 어떠랴. 물론, 우리가 먹는 것이 우리를 만들듯, 독서 역시 우리가 읽은 것이 우리 자신을 만드는 것이리라. 하지만 이보다 더 중요한 것은 무엇을 읽든 그것을 어떻게 받아들이냐 하는 것이다. '어떻게 읽어내는가'에 따라 결과는 달라질 수 있다는 중요한 사실을 그를 통해 깨닫게 된다. 그렇게 본다면 세상에는 읽어서는 안 될 책도 없고, 그렇다고 누구나가 꼭 읽어야 할 책이 있는 것도 아닐 듯싶다. 다만, 그것을 어떻게 소화해내느냐에 대한 사람들의 개인차가 있을 따름이다.

"……어떻게 읽어내야 하죠?"

"……진실한 질문이 필요해요."

"……마음을 열도록……."

"아주 어려운 일일 것 같군요."

"시간이 걸릴 거예요."

"하지만……깨닫는 것이 중요하지요."

_켄 블랜차드·셀든 보울즈, 『열광하는 팬』

하루 두 시간, 앞으로의 10년이 달라진다

나는 한 달간 단식을 했다. 먹고사는 것이 그동안 나를 옭아맨 현실이라는 이름의 사슬이었다면 나는 그것을 끊어낼 상징성이 필요했다. 그래서 먹지 않겠다고 작정했다. 단식 기간 동안 나는 평소에 가장 하고 싶은 것을 했다. 나는 직장에 다니는 동안 언젠가는 그동안 해오던 경영혁신과 변화경영에 관한 책을 한 권 쓰리라고 작정하고 있었다. 그것은 내 마음속에 자리 잡은 작은 소망이었다. 포도 단식을 하는 동안 나는 그 일부터 시작했다. 그때 그 일이 가장 하고 싶은 최선의 것이었다. … 나는 책을 쓰기 시작했고, 그 후 책 한 권을 출판하게 되었다. 그 책의 이름이 바로 '익숙한 것과의 결별'이었다. 나는 베스트셀러 작가가 되었다. 그리고 변화경영전문가라는 평생 직업을 가지게 되었다.

_『내가 직업이다』

그에게 하루 두 시간은 절대로 양보할 수 없는 시간이다. 바로 그 두 시간이 그 누구도 침범할 수 없는 자기계발 시간이기 때문이다. 그의 '구본형변화전문경영연구소'가 총자원의 10퍼센트를 끊임없이 투자하는 것처럼 그는 가장 소중한 자산인 시간이라는 자원의 10퍼센트를 자신의 미래를 위해 사용한다.

그는 준비되지 않은 미래가 찾아오는 순간 과거의 인물로 남게 된다고 믿으며, 투자가 없으면 미래도 없다고 생각한다. 시대에 뒤떨어지지 않기 위해, 스스로 끊임없이 진화하기 위해 자신의 미래에 투자할 것을 힘주어 말한다. 실제로 그는 매일 두세 시간의 글 쓰기를 통해 제2의 삶을 준비해 왔고 실제로 그 꿈을 이뤘다. 바로 그 하찮아 보일 수도 있는 하루 24시간의 8퍼센트인 두 시간의 축적을 통해서 말이다.

1997년 여름 이후, 나는 매일 두세 시간은 글을 써왔다. 한 해에 글만 쓰는 데, 대략 1,000시간 내외를 투입하고 있다. 최근 10년 동안은 열다섯 권의 책을 냈다. … 하루 두 시간. 평범한 사람이고, 가난한 사람이었고, 20년간 직장인이었던 나에게 마흔이 넘어 갑자가 주어진 유산은 바로 하루 두 시간의 새로운 습관이었다. 이것은 돈으로 환산할 수 없는 것이다. 나는 내가 살고 싶은 사자(獅子)의 인생을 발견했고, 매일 그렇게 살고 있다. 이것이 나의 최선의 삶이라는 믿음을 가지고 있다. '하고 싶은 일을 하면서 살아도 충분히 먹고살 수 있다'.

_『구본형의 필살기』

   그는 자신의 하루를 24시간이 아니라 22시간이라고 말한다. 왜냐하면 나머지 두 시간은 소비의 시간이 아니라 미래를 위한 투자의 시간이기 때문이라는 것이다. 내일을 위한 투자의 시간은 그래서 신성한 시간이다. 이 시간은 다른 어떤 시간보다 귀중하기에 삶에서 가장 우선하는 부분이다.

   인생을 바꾸는 커다란 힘을 얻었던 두 시간! 우리의 삶에서 내일을 위한 두 시간을 어떻게 마련할 수 있을까? 이에 대해 구본형은 먼저, 여분의 시간에 어떤 의미를 부여하는 것이 중요하다고 강조한다.

매일 시간을 떼어내기 위해서는 그 시간에 우선적 중요성을 부여하지 않고는 불가능하다. 즉 다른 것 다 하고 남는 시간에서 두 시간을 떼어 내겠다는 생각으로는 3일을 넘기기 어렵다. 먼저 두 시간을 떼어낸 후, 나머지 스물두 시간을 가지고 다른 일을 하는 것이 유일한 방법이다.

_『그대, 스스로를 고용하라』

후지노 히데토라는 일본의 유명한 펀드매니저가 있다. 노무라 투자사와 쟈딩 플레밍(Jardin Fleming) 투신 고문을 지낸 쟁쟁한 컨설턴트인 그는 「아사히신문」에 연재한 '천성인어天聲人語'라는 코너를 통해 대중적인 스타가 되었다. 투자할 만한 회사인지 아닌지를 판단하는 칼럼 '후지노의 법칙'은 큰 반향을 불러일으켰는데, 거기에는 다음과 같은 내용이 포함되어 있다.

- 사원들에게 체조를 억지로 시키는 회사는 돈을 벌지 못한다.
- 도덕성이 낮은 기업은 언젠가는 결점을 드러낸다.

그저 형식적으로 두고 있는 체조시간은 직원들의 건강 향상에 별 도움이 되지 않는다는 것이며, 기본 중의 기본이라 할 수 있는 '도덕성'이 흔들리면 조직이나 개인이 잘될 리 만무하다는 말이다. 하루 두 시간을 확보하는 게 중요하긴 하지만 정작 이보다 더 중요한 것은 그 시간을 '왜' 빼는지, 그 시간이 '무엇을 위한' 시간인지에 대한 생각이 전제되어야 한다는 것이다. 그렇지 않다면 모두가 사상누각이나 공염불에 지나지 않는다.

하루에 두 시간을 확보하는 것이 왜 중요하며 이 시간을 통해 무엇을 할 것인가에 대해 스스로를 설득시킬 수 있다면 두 시간의 투자에 따른 기대효과는 커질 수밖에 없을 것이다. 자, 그렇다면 하루 중 언제 어떤 식으로 두 시간을 확보할 것인가?

새벽에 두 시간을 떼어 쓰는 것이 가장 좋은 방법이다. 새벽에는 다른 일의 유혹이 없다. … 그다음으로는 저녁 늦게 두 시간을 쓰는 것이 좋은 방법이다. 하루를 끝내기 전에 좋아하는 일에 빠졌다가 행복하게 잠자리에 들 수 있다. 그러나 다른 일상의 일— 동료와의 술자리, 야근, 사업상의 만남 등 — 로 침해받을 수 있다. 세 번째 등급의 방법은, 두 시간을 둘 내지 셋으로 쪼개어 휴식이 가능한 시간마다 사용하는 것이다. 이 방법은, 바쁜 날은 잊게 되고 최우선적 순위에 의해 보호되기 어렵다는 단점이 있다. 마지막 방법은 일주일에 하루를 할애하는 방법이다. 가족이 없는 사람은 써볼 만한 방법이지만, 주 5일 근무가 되기 전까지는 기혼자에게 적합한 방법이 아니다.

_『그대, 스스로를 고용하라』

구본형은 습관이 의지만의 문제가 아니라고 한다. 끊임없는 반복을 통해 얻게 되는 노력의 결과라는 것이다. 빅토르 위고의 『레미제라블』. 한 덩이의 빵을 훔친 죄에 여러 번의 탈옥 시도가 겹쳐 장장 19년 동안 감옥에서 갇혀 지냈던 장발장은 그 오랜 기간 동안에도 전혀 교화되지 않았다. 반성해야 할 것이 없었던 그에게 세상을 향한 적개심 외에 모든 것이 그대로인 것이 어찌 보면 당연하지 않았을까. 하지만 낯선 그에게 온정을 베풀고 재수감될 수도 있는 절체절명의 순간에 그를 구해준 미리엘 주교 덕분에 장발장은 새로운 삶을 시작할 수 있었다.

　한갓 보통 사람에 지나지 않았던 장발장은 쓰레기통 속에서 아름다운 꽃으로 피어난 장미와 같이 '아름다운 인간' 장발장으로 변모한다. 미리엘 주교의 아무런 대가를 바라지 않는 사랑을 통해 자존감을 깨달은 그는 이후 수십 년간의 노력을 통해 보통 사람에서 아름다운 사람으로 거듭날 수 있었다. 그의 전력을 의심하는 자베르 경감과 자신의 분신마냥 소중했던 코제트와의 편안한 삶을 위협하는 많은 것들, 그리고 마지막으로 목숨을 잃을 수도 있는 시민혁명군 참가 등은 죄수번호 '24601'에서 인간 '장발장'으로 거듭나는 남다른 삶을 완성하는 과정에서 장발장이 극복해야 했던 많은 장애물 중 하나였다. 이들을 극복하면서 마침내 그는 자신의 삶을 완성할 수 있었고 그렇게 하는 데 수십 년이 걸렸다.

생활 습관 중 지금 꼭 새로 만들어야 할 것은 고정적인 투자시간을 확보하는 것이다. 매일 같은 시간대와 같은 양의 시간을 확보하는 것이 결정적이다. 그리고 이 시간에 할 일 하나를 정해야 한다. 어렵게 시간을 확보해 놓고, 정작 그 시간에 딴짓하면 안 된다. 또한 이것저것 여러 가지를 섞어서도 안 된다. 즉 오늘은 회사일, 어제는 독서, 내일은 자격증 공부, 이런 식으로 섞지 마라. 하나를 정하면 원하는 목표를 달성할 때까지 계속한다. 이것은 근육을 키우는 메커니즘과 다를 게 없다. 집중하라. 습관이 되게 하라. 습관이 되면 의지력이 필요 없어진다. 오랫동안 한 가지 일에 집중하면 그 분야의 물리를 터득하게 되는데, 그건 마치 눈꺼풀이 하나 벗겨지면서 전에는 보지 못하던 것을 보게 되는 것과 같다. 차원이 달라지면서 뭘 알게 된 것이다. 이보다 더 훌륭한 보상은 없다.

_『구본형의 필살기』

우리에게 습관이란 장발장 앞에 놓였던 수많은 유혹처럼 넘어서지 않으면 안 되는 것이다. 상대하기 무척 힘든 싸움을 전제로 하는 것이다. 구본형이 이처럼 힘든 싸움을 해나가는 데 적절한 전략이 없었을 리 없다. 오랜 직장생활을 떨치고 스스로를 경영하며 최고의 변화경영전문가로 거듭난 그의 전략을 살펴보자. 최고의 결과에는 항상 최고의 전략이 있기 마련이다. 그의 전략은 다음과 같은 세 가지 방식으로 '매일 같은 시각에 한 가지만 집중하는 것'

이었다.

먼저, 매일 일정 시간대에 같은 양의 시간을 투입하는 게 중요하단다. 본인 생각에 자신이 아침형 인간이라면 새벽 시간을 활용하는 것으로, 4시에 일어나 6시까지 두 시간 동안 어떤 일을 매일 해보는 것이다. 새벽은 에너지가 가장 충만한 때라 그가 적극 권하고 싶은 시간이다. 하지만 밤에 강한 사람일 경우 밤 11시부터 새벽 1시까지 두 시간동안 뭔가를 꾸준히 하는 것도 한 방법이다. 저녁 늦은 시간이라 집중도가 떨어질 수도 있다. 하지만 어쩔 것인가. 그밖에 시간이 불가능한 사람이라면 이 또한 소중한 시간이다. 심지어 퇴근시간 동안을 활용할 수도 있다. 중요한 것은 술에 취해 있다 하더라도 계획대로 밀고 나가는 것이 필요하다는 점이다. 졸면서도 잃어버리지 않는 기억의 문신을 새기는 것이 중요하다.

하루는 긴 시간이다. 언제나 일상 속에서 가장 손쉽게 지나가버리는, 그래서 가장 짧은 시간 단위가 되어버린 하루는 사실 매우 긴 시간이다. 우리는 하루하루 살다 보면 어느새 1년을 쓰게 되고 다시 1년을 보탠다. 그렇게 10년이 흐르고, 몇 번 반복하여 늙고 만다. 하루가 짧으면 인생도 짧다. 좋은 하루를 자주 만들어 가질수록 인생도 그만큼 길고 풍요로워진다.

_『낯선 곳에서의 아침』

다음으로, 습관이 형성될 때까지(100일 정도) 결사적으로 실행하고 지켜내야 한다는 점이다. 예를 들어 모두가 힘들어 하는 0교시 수업에 다른 학생들과 달리 매일같이 초롱초롱한 눈동자로 교실 맨 앞자리를 차지하는 여학생이 있다. 그녀에게 선생님이 물었다. 대답은 간단명료했다. "밤새 콘택트렌즈를 얼음물에 재웠다 쓰고 나온다"는 것이었다. 얼음물이 그 학생을 부지런하고 또렷또렷하게 만들었던 것처럼, 습관에 이르는 과정에서도 어느 정도의 도움이 필요한 게 사실이다. 유난히 아침잠이 많은 사람에게 서너 개의 자명종이나 각종 알람이 필요하듯이 말이다.

마지막으로, 외부 영향 요인을 통제하라는 것인데, 이는 지속적인 습관의 유지에 없어서는 안 될 매우 중요한 삶의 방식이다. 예를 들어 일찍 일어나야 할 사람에게 일찍 잠자리에 드는 것은 매우 중요한 전제다. 일찍 잠들지 않는 사람도 하루 이틀 정도야 일찍 일어날 수 있겠지만, 체력이 바닥나면 이는 불가능하다. 구본형은 스스로 정한 삶의 원칙을 지켜내기 위해 엄청 독하게 살아왔다.

나는 저녁 시간에는 아주 특별한 경우가 아니면 비즈니스 모임을 하지 않는다. 늦게까지 술을 마시게 되면 새벽 기상은 불가능해지기 때문이다. 그래서 가능한 비즈니스 약속은 낮 시간대로 옮긴다. 술과 풍성한 음식이 있는 저녁 비즈니스 약속은 10년 전에 내 생활에서 제거되었다.
_『구본형의 필살기』

자기 삶에 철저하다는 것은 과연 어느 정도를 말하는 것일까. 스스로 정한 삶의 원칙 속에 20년 넘게 갇혀(?) 지냈던 조정래를 살펴보자. 우리나라 작가 중 판매 부수를 기준으로 한다면 단연 앞 순위에 자리 잡고 있을 작가 조정래는 200쇄 출간을 돌파한 대하소설 『태백산맥』은 물론이고 연이어 발표한 『아리랑』 『한강』 등 베스트셀러를 발표해 온 작가다. 그의 힘은 스스로 정한 삶의 원칙에 충실하며 살아온 남다른 끈기와 열정에 있었다.

1934년 전남 승주군 선암사에서 대처승의 아들로 출생한 조정래. 그는 실제로 소설 『태백산맥』에 존경하는 아버지를 작품 속 인물로 집어넣기도 했다. 『태백산맥』에 나오는 법일 스님이 바로 그의 아버지다. 자식을 여덟이나 둘 정도로 자식 욕심이 많았던 그의 아버지는 뜨거운 교육열을 가진 분이었다. 한국전쟁 후 고등학교 국어 선생님으로 변신한 그의 아버지는 열 식구를 먹여 살리느라 정작 본인은 10년 넘게 점심을 굶고 지냈다고 한다. 그가 아버지의 고달픈 삶을 알게 된 것은 그로부터 10여 년이 지나서였지만, 조정래 역시 벌이가 시원찮았다. 책이 잘 팔리는 인기 작가가 아니다 보니 아버지를 위해 할 수 있는 게 별로 없었던 것이다. 그렇게 그의 아버지는 팔십 평생 호강 한 번 제대로 못 해보고 빼빼 마른 고달픈 몸으로 돌아가셨다. 『태백산맥』 3부가 막 나오던 즈음이었다.

바로 그 대하소설『태백산맥』이 200쇄 출간을 돌파했다. 1989년에 완간된『태백산맥』전 10권은 지금까지 700만 부가 넘게 팔렸고 한국문학에서 다권본(多券本)으로는 처음으로 200쇄를 돌파한 책이 되었다. 한국문학사에 우뚝 솟은『태백산맥』은 1980~1990대의 필독서였다. 조정래는 서른여덟의 나이에 대하소설 3부작을 구상하고 마흔부터 집필을 시작하여 마침내 한국문학의 최고봉을 차지했다. 장장 20년에 걸쳐『태백산맥』『아리랑』『한강』에 이르는 대장정을 무사히 마칠 수 있었던 원동력은 열정이 담긴 꾸준함과 남다른 자기관리가 있었기 때문이었을 것이다.

『아리랑』을 절반 정도 쓰던 때였던가. 오른쪽 어깨 관절이 어긋나 팔 전부가 마비돼 글을 쓸 수 없게 된 그는 서울에서 제일 용하다는 한의사의 각별한 치료로 급한 불을 끌 수 있었다. 완쾌는 어렵겠지만 회복을 위해 팔을 흔드는 운동과 손가락들을 골고루 움직여주는 손아귀 운동을 하루 50회 이상 하라는 처방이 내려졌다. 그래서 시작된 맨손체조와 가래 굴리기의 두 가지 운동을 날이면 날마다 얼마나 철저하고 극성스럽게 했던지 아내가 질려버릴 정도였다. 조정래는 몇 년에 걸친 운동을 통해 어렵다던 질병을 떨쳐내고는 당초 계획한 대로『한강』까지 마칠 수 있었다.

그런가 하면 소설 이외에는 그 어떤 것에도 눈길을 돌리지 않을 정도로 글 쓰기에 대한 열정이 대단했다. 오죽했으면 그의 아내는

'무미무취하기로는 100년에 한 번 태어날까 말까 한 사람'이라며 그의 외골수적인 작가적 기질을 인정했을까. 혼자서 글을 쓸 때가 가장 행복하다는 조정래는 어느 순간 스스로도 놀랄 만큼 글이 잘 되었을 때 그 행복은 절정에 이른다고 한다. 바로 그 절정의 행복에 몰입하기 위해 그는 '잡기'에 빠지지 않도록 스스로를 경계한다. 그가 만났던 '아쉬웠던 인재'들에 대한 기억을 떠올리며 오로지 글 쓰기에만 매진했던 것이다.

나의 중학교 1년 선배인 어떤 사람은 속독에 속필을 자랑하는 문학평론가였다. 그의 평론은 속독과 속필 못지않게 내용이 실해 장래가 촉망되는 평론가로 관심을 끌며 1970년대 초반을 시작했다. 그는 충청도 어느 대학에 전임으로 자리 잡았는데 나는 그가 더 열심히 글을 쓸 줄 알았다. 그런데 해가 바뀔수록 글을 보기 어려워지더니 10년쯤 지나자 전혀 글을 볼 수 없게 되었다. 그 이유는 바둑 때문이었다. 그는 바둑에 미쳐 세월 가는 줄을 모르고 있었다. … 그리고 그는 어느 작가도 기억하지 못하는 존재로 정년퇴직을 앞둔 신세가 되었다. 화투만이 아니라 바둑도 그렇게 한 사람의 인생을 잡아먹는 잡기인 것이다.

_조정래 외, 『젊은 날의 깨달음』

위기의 순간에 다시 태어나다

헤르만 헤세의 『데미안』이란 작품에는 성장통을 앓는 유약한 소년 싱클레어와 냉철하고 이지적인 성격의 몇 살 더 많은 데미안이 나온다. 『데미안』에서 가장 인상적인 부분은 다음과 같은 구절이었다.

> 새는 알을 깨고 나온다. 알은 세계다. 태어나려는 자는 하나의 세계를 파괴하지 않으면 안 된다.

태어나려는 자는 하나의 세계를 파괴하지 않으면 안 된다. 하지만 하나의 세계를 파괴한다는 것은 무척 어려운 일이다. 새로 태어난다는 것은 기쁜 일임에 분명하지만 그 전제로 '알을 깨는 고통'이 필요하다는 것이다. 더구나 그 세계가 편안하면 편안할수록, 익숙하면 익숙할수록 더 힘들고 오랜 고통을 요구하는 일이다. 심지어 주위에서 보기엔 아주 무모해 보일지도 모르는 바로 그런 '모험'을 감행하지 않으면 안 되는 일이다. 구본형이 그랬다.

여전히 세계 최고의 기업 중 하나인 IBM의 부장 자리를 박차고 나와 돌보아줄 바람막이 하나 없이 홀로 서겠다는 그의 의견에 누구 하나 손들어준 사람이 없었다. 주위 사람들은 하나같이 그의 무모함을 염려했지만 사실, 누구보다 더 걱정되고 두려웠던 사람은 구본형 바로 자신이었을 것이다. 20년간 별 탈 없이 잘 다녔던 회사를 그만두는 것만큼 겁나고 고민스러운 일이 또 뭐가 있었으랴. 하지만 그는 선택했다. 모험을 두려워하지 않았기 때문이라기보다는 이왕이면 자유로운 삶 편에 섰다. 그 자신도 장담할 수 없었지만 그는 자신을 믿었다. 그와 함께 했던 책을 벗 삼는다면 어디라도 갈 수 있을 것만 같았다.

피터 드러커는 『프로페셔널의 조건』에서 다음과 같이 평생 직장의 시대가 끝나고 평생 직업의 시대가 도래했다고 선언한 바 있다.

미국의 경우, 1950년대와 1960년대까지 파티에서 어떤 사람을 만나 직업이 무엇이냐고 물으면, "제너럴일렉트릭에 다닙니다" 혹은 "시티은행에 다니지요"라는 대답을 들을 수 있었다. … 각자 일하고 있는 고용 기관의 이름을 대며 그것이 직업이라고 소개하는 것이었다. … 오늘날의 미국은 다르다. … 아마도 "나는 금속 기술자입니다" 또는 "나는 소프트웨어 디자이너입니다"라는 대답을 들을 수 있을 것이다. 다시 말하자면, 적어도 미국의 지식근로자들은 이제 더 이상 자신을 고용 기관과 동일시하지 않는다는 것이다.

_ 피터 드러커, 『프로페셔널의 조건』

1950년대 후반에 이미 이러한 변화를 감지한 그는 1966년도에 발간한 『The Effective Executive』라는 책 속에 이미 그 내용을 언급한 바 있지만, 2000년에 출간한 『프로페셔널의 조건』에서 평생 직장의 시대가 종료했다고 확실하게 못박았다.

아울러 지식이 중시되는 지식근로자의 시대가 도래할 것이라고 예견했다. 드러커에 따르면 지식근로자의 평균 근로 수명은 매우 급속도로 증가한 반면, 이들을 채용하는 고용 기관의 존속(생존) 기간은 앞으로 계속 단축될 것이기에 근로자들은 남은 인생의 후반부를 위해 몇 가지 준비가 필요하다. 새로운 경력을 쌓고 새로운 기술을 익히는 한편, 스스로의 정체성을 새롭게 확립하고, 더 많은 관계(네트워크)로 확장시켜 가야 하는 것이다. 드러커가 말하는 지식근로자란 어떤 사람들일까?

> 지식근로자들은 자신이 필요로 하는 지식을 스스로 보유하고 있다. 결국 그들은 '스스로 생산 수단을 소유하고 있는' 셈이다. 게다가 그들은 자신의 생산 수단을 어디에나 가지고 갈 수 있다. 그것은 그들의 머릿속에 있는 것이다.
>
> _피터 드러커, 『프로페셔널의 조건』

구본형은 누구라도 부러워할 만한 IBM이라는 직장을 스스로 걸어 찬 사람이다. 이유는 단 하나, 자신이 하고 싶은 일을 하며 스스로의 힘으로 자유롭게 살고 싶었던 것이다. IMF를 거치면서 평생 직장이 사라지는 현장을 지켜보면서 세상에 자신을 지켜줄 사람은 오직 자신뿐임을 깨달은 그는 20년간 익숙했던 직장과 결별했다. 그때가 바로 2000년이다.

하지만 구본형과 같은 처지에 있었던 대한민국의 수많은 직장인들을 압박했던 그 상황은 별로 나아진 것이 없다. 오히려 그 상황은 점점 더 악화되고 있다. 여전히 사람들은 자신을 막아줄 방패도 보호막도 없이 길거리에 내동댕이쳐지고 있다. 다른 사람들의 사례를 통해 학습효과라도 생겨났을 법하지만 여전히 사람들은 서툴고 힘들다. 다음은 2008년 11월 30일자 「조선일보」 기사다.

희망 퇴직 대상자들은 이번이 10년 전보다 더 고통스러울 것이라고 걱정했다. D씨(45)는 "IMF 당시엔 감원을 처음 겪는 일이라 밖에 나가더라도 굶어 죽겠나 하는 자신감이라도 있었는데, 그때 나간 선배들의 비참해진 모습을 보니 지금이 더 공포스럽다"고 했다. 희망 퇴직을 결심했다는 E씨(49)는 "10년 전 선배들이 아무 준비 없이 길거리로 나가는 것을 보고 '난 미리 준비해야지'라고 마음먹었지만 결국 나도 빈손으로 나가야 할 판"이라고 말했다.

구본형이 그와 비슷한 처지에 있었던 수많은 직장인들과 달리 홀로서기에 성공한 것은 물론, 안정궤도에 오른 가장 큰 이유는 바로 그가 지닌 지식근로자로서의 남다른 소양 때문은 아닐까.

학부에서 인문학을 전공하고 대학원 과정에서 경영에 대해 공부했던 그는 다양한 스펙트럼의 독서를 실천해 왔다. 그런 독서력을 배경으로 1997년 여름 이후 매일 두세 시간의 글 쓰기를 몸소 실천해 왔다. 드러커의 말대로 스스로 생산 수단(지식과 정보)을 소유하고 끊임없이 산출물(책)을 생산해내는 21세기형 지식근로자인 것이다.

구본형의 대표작

『익숙한 것과의 결별』, 을유문화사, 1998년
『낯선 곳에서의 아침』, 을유문화사, 1999년
『그대, 스스로를 고용하라』, 김영사, 2001년
『내가 직업이다』, 북스넛, 2003년
『구본형의 THE BOSS』, 살림Biz, 2009년
『구본형의 필살기』, 다산라이프, 2010년

그들은 어떻게 읽었을까

5

장향숙

책에서 인생을 버틸 힘이 나온다

장향숙

40년을 책과 보내고 이후 세상 밖으로 나와 장애인을 비롯한 소외계층을 위한 대변자가 되었다. 학교라곤 가본 적 없는 그녀였지만, 대신 치열하게 함께했던 1만 권의 책은 든든한 그녀의 지원군이 되었다. 1999년 한국여성장애인연합 공동대표를 시작으로, 2004년 열린우리당 비례대표 1번으로 국회에 진출했다. 이후 장애인체육회 초대 회장, 국제장애인올림픽위원회 집행위원회 위원을 역임했다. 2010년, 국가인권위원회 상임위원으로 임용되었다.

「바람만이 아는 대답Blowin' in the Wind」은 밥 딜런이 1962년 초, 그리니치빌리지의 어느 허름한 카페에서 처음으로 발표한 곡이다. 유난히 거슬리는(?) 그의 목소리에 비해 '피터, 폴 앤 메리'가 부른 「바람만이 아는 대답」은 더 편안하고 부드럽다. 출발이 가스펠 가수였던 샘 쿡이나 목소리 이상으로 미모가 뛰어났던 존 바에즈가 노래한 버전도 있다. 하지만 밥 딜런이 아닌 한 누가 불러도 그냥 거기서 거기다. '피터, 폴 앤 메리'의 커버 버전은 출시 후 단 2주 만에 30만 장이 팔려 워너브라더스 사상 가장 단기간에 30만 장을 넘긴 싱글앨범이 되기도 했다. 하지만 거기까지일 뿐, 그 누구도 밥 딜런의 곡으로 그를 능가하지는 못했다.

작곡이나 노래 실력만 본다면야 밥 딜런 같은 사람이 어디 한둘뿐일까만은 세상은 여전히 그를 찾는다. 1962년 데뷔앨범 『밥 딜런Bob Dylan』을 발표했으니 가수 생활을 한 지도 50년이나 지났건만 그에 대한 관심은 여전하다. 2011년 4월, 세계 각국의 수많은 매스컴들은 그의 첫 중국 공연에 주목했다. 그는 다름 아닌 자유와 저항의 아이콘이었기 때문이다.

시대를 대변하는 아이콘이라는 것과 탁월한 사유를 지녔다는 점에서 밥 딜런과 장향숙은 닮은 점이 매우 많다. 우선 밥 딜런이 자유와 저항의 1960년대를 나타내는 상징적 아이콘이라면 장향숙은 우리 사회 소수자를 대변하는 아이콘일 것이다. '여성·장애인·

무학無學'이라는 소외계층의 대표적인 취약점을 모두 갖춘 그녀는 우리 사회의 소수자에 대한 인식 정도를 나타내는 바로미터이기도 하다.

그런가 하면 밥 딜런은 「바람만이 아는 대답」에서 그만의 남다른 사유를 한껏 드러내고 있다. 싸움을 그만두라느니, 확전(擴戰)에 반대한다느니 하는 언급은 전혀 없었지만 지금까지도 이 노래는 반전(反戰) 가요 중 최고로 손꼽히고 있다.

> 전쟁의 포화가 얼마나 많이 휩쓸고 나서야
> 영원한 평화가 찾아오게 될까?
> 언제까지 고개를 돌리고 외면할 수 있을까?
> 얼마나 많은 사람이 희생되어야
> 무고한 사람들의 죽음을 깨달을 수 있을까?
>
> _ 밥 딜런, 「바람만이 아는 대답」

장향숙은 또 어떤가. 유명 사회자이기도 한 백지연은 그의 책 『뜨거운 침묵』에 장향숙과 인터뷰했던 기억을 무척 인상적으로 언급하고 있다. 2009년 어느 날, 백지연은 국제장애인올림픽위원회 위원인 장향숙을 인터뷰한다. 생후 1년 6개월 때 앓은 소아마

비로 중증 장애인이 되었고, 평생 학교라고는 다녀본 적 없는 그녀였지만, 두 시간 남짓 진행했던 인터뷰는 기억에 남을 만큼 흥미로웠다고 한다. 폭넓은 지식을 바탕으로 거침없이 내뱉는 언변도 그랬고, 누구보다 밝은 웃음이 끊이지 않았다. 인터뷰를 통해 백지연은 그녀가 남다른 사유로 무장된 진정한 '지식인'이며 '파워 우먼'이란 걸 깨닫게 되었다고 한다.

> 그녀는 학교에서 얻지 못한 지식의 공백을 평생 엎드린 채 독파한 엄청난 양의 책으로 채워냈다고 했다. 그녀의 별명은 1만 권의 책을 읽었다고 해서 '만리장서(萬里長書)'다.
>
> _백지연, 『뜨거운 침묵』

엎드린 채 세상을 올려보는 사람

내가 장향숙을 처음 본 건 17대 국회가 막 시작된 2004년 즈음이었다. 열린우리당 비례대표 1번이라 국회의원 당선은 떼어놓은 당상이 된 그녀를 언론에서 집중 조명했기 때문이다. 비례대표란 말 그대로 사회 각계각층을 대표하는 자리다. 게다가 지역구의 전체 득표율에 비례하여 의원 수가 배정되는 특성상, 당선 안정권에 들기 위한 후보자간 물밑 경쟁은 상상을 초월할 정도다. 언론들은 후보자들의 하마평을 실으며 누가 될 거라느니, 비례대표 안정권은 몇 번까지라느니, 예상 기사를 쏟아내기 마련이다. 그런 예상 기사 중 어디에서도 언급치 않았던 '장향숙' 바로 그녀가 비례대표 번호 1번을 받았으니 어찌 보면 당연한 반응이었다.

온갖 매체에서 인터뷰 요청이 몰려왔다. 하지만 언제나 그랬던 것처럼, 언론의 관심은 이내 시들해졌다. 여성에다 중증 장애인이며 학력이라곤 전혀 없는(학교를 다녀본 적이 없는) 국회의원이었지만 이곳저곳에서 자주 들먹이다 보니 '장향숙'이라는 특이했던 소재도 시효가 만료된 것이다.

그런 그녀를 국가인권위원회 사태를 통해 다시 만나게 되었다. 인권위원회 위원장의 농단에 맞서 인권위원회 위원직을 사퇴하는 명단에 그녀의 이름이 있었다.

17대(2004~2007년) 국회의원이던 장향숙은 그사이 장애인체육회 초대 회장(2005년 11월~2009년) 및 국제장애인올림픽위원회 집행위원회 위원(2009년 11월~)으로 장애인스포츠 분야에서 활동해오다가 2010년부터 국가인권위원회 상임위원으로 우리 사회 소수자의 권익을 대변하고 있었다. 초선임에도 불구하고 국회 보건복지위원회 소속으로 인상적인 활동을 보였던 '의원 장향숙'. 하지만 그녀에 대한 더욱 생생한 기억은 열린우리당 비례대표 1번으로 당선이 확정된 후 그녀의 홈페이지에 올라온 출사표로 남았다. '모두가 행복한 세상을 꿈꾸는 장향숙입니다'라는 제목이 걸린 홈페이지, 그 속에 '장향숙의 세상 읽기'라는 제목으로 대한민국 국회 최초의 여성장애인 의원인 그녀의 소회와 포부가 가득 담긴 글이 있었다.

> 나는 언제나 엎드린 채 세상을 바라봐온 사람이다.
> 두 발로 서서 보는 세상과 엎드려서 보는 세상은 분명히 다르다.
> 지금 세계는 두 발로 선 사람들의 기준으로 모든 것이 짜여져 있다.
> 나는 세상을 다르게 보는 눈을 가지고 있다.
> 엎드린 사람은 지구의 진동을 더 가깝게 느낀다는 말이 있다.
> 사람들의 진동을 더 가깝게 느끼는 정치인이 되고 싶다.

사람들은 책을 읽어가는 저마다의 방식이 있다. 따라서 몇 권을 읽었느냐는 것이 중요한 판단 기준이 되어서는 안 될 일이다. 한 권을 읽고 수십 권의 깨달음을 얻는 사람이 있는가 하면 수백 권을 읽어도 거기서 거기인 사람이 있을 수 있기 때문이다. 하지만, 그래도 만 권 아닌가. 적어도 만 권은 흔치 않은 양이 분명하다. 그게 어디 쉬운 일인가. 도대체 1만 권의 책이란 어느 정도의 분량이 되는 것일까? 또 그 많은 책을 읽으려면 시간이 얼마나 걸릴까?

2004년 문화관광부의 '국민독서실태조사'에 따르면 우리나라 성인의 월평균 독서량은 1.3권이었다. 그러던 것이 2007년 「연합뉴스」에 의하면 월평균 2.3권이 되었다. 1.3권으로 치면 연간 15권이요 2.3권이라면 25권 내외가 된다. 하지만 조사는 잡지를 포함한 텍스트를 담은 모든 형태를 망라한 것이었기에 실제보다 다소 과대평가된 부분이 있다.

어느 정도 읽는 것이 일반적인 수준일까. 이에 대한 명확한 기준은 없지만 탄줘잉이란 작가는 『살아 있는 동안 꼭 해야 할 49가지』에서 '1년에 36권의 책을 읽는다는 것은 대단한 일'이라고 말하고 있다. 그렇게 본다면 36권을 넘지 않는 수준이 맞을 것이다. 또한 그는 한 해 40권 정도의 분량은 대단한 수준이라고 말한다. 그런 면에서 볼 때 연간 40권 정도의 책을 읽는다는 것은 상당한 독서가를 정하는 기준이 될 수 있을지 모른다. 하지만, 우리 사회에서 책 좀 읽네 하는 사람들의 입장에서 볼 때 이 정도는 조금 부족하지 않을까? 자신 있게 말할 수는 없지만, 우리 사회에 흔히 독서광이라 일컫는 사람들의 독서량은 연간 일이백 권 내외가 아닐까 싶다. 독서를 즐기는 사람들이 흔히 일이백 권이라 말하지 않는가. 근거가 있는 건 아니다. 중요한 건 장향숙의 1만 권이다.

1만 권은 어느 정도의 분량인가. 연간 100권의 책을 읽는 사람이라면 자그마치 100년이 걸릴 분량이니 죽을 때까지 도저히 닿을 수 없는 분량이요(뒤늦게 글을 깨우친 사람이라면 더더욱 그러할 것이며), 200권 정도를 읽는 사람이라도 족히 50년이 걸릴 어마어마한 분량이다.

> 책이 없다면 내 인생은 어떠했을까? 솔직히 나의 모든 정신적 뿌리는 책에서 비롯되었다. 가끔 거대한 벽에 닿아 주저앉거나, 삶의 방향을 잃고 헤맬 때, 책은 어김없이 길을 보여주었지만 등 떠밀고 앞서라고는 강요하지 않는다. 나는 이 녀석과의 한 발짝 떨어진 관계가 참으로 좋다. 나는 책을 통해 다시 한 번, 내 안에 생동하는 생명력의 존재를 재확인했다.
>
> _『깊은 긍정』

만리장서

18대 국회의원의 수는 지역구 245명에 비례대표를 포함한 전국구 54명 등 도합 299명이다. 16대 국회 당시 273명이던 국회의원의 숫자는 2003년 1월에 26명이 증원됨에 따라 현재와 같은 규모를 유지하게 되었다. 200명으로 시작한 초대(제헌) 국회는 민의원과 참의원을 뽑던 5대 국회(291명)와 통일주체국민회의로 대통령이 국회의원의 3분의 1을 뽑던 9대와 10대 국회(각각 219명과 231명)를 거쳐 13대 때부터 299명 체제로 오늘에 이르게 되었다. 2000년 4월 13일부터 시작된 16대 국회에서 273명으로 정원이 줄어든 적이 있으나 이후 다시 299명을 회복해 현재에 이르고 있다. 초대 국회에서 18대 국회(2008년)에 이르기까지 누적 국회의원수가 4천여 명이란 점을 감안해 볼 때 중복여부를 고려하지 않는다면 누적 국회의원 수 5천 명의 시대가 올 날도 머지않았다.

이렇게 말해놓고 보니 한 사람 한 사람이 '걸어 다니는 입법기관'이며 '대한민국에서 제일 그럴싸한 직업'이라는 국회의원도 뭐 대단하랴 싶다. 사실, 주택복권 1등에 당첨될 확률이 540만 분의 1이고, 로또가 1등 맞을 확률은 820만 분의 1이나 된다. 그에 비하면 당선 확률이 20만 분의 1도 안 되는 국회의원은 그야말로 명함도 내밀기 힘들 정도다. 하지만 장향숙이라면 얘기는 달라진다.

이는 그녀가 '국회의원 장향숙'이 아니라 '장향숙 국회의원'이기 때문이다. 대한민국 국회의원의 299명 중 책을 낸 사람이 123명으로 전체 의원의 41.1퍼센트에 이른다(2009년 3월 기준). 직업적으로 책을 써야만 하는 작가나 혹은 책 쓰기가 상대적으로 쉬운 교수 집단을 제외하고 보면 국회의원들의 책 발간 열풍은 상당한 정도다. 이 중에는 다섯 권 이상 쓴 사람도 23.6퍼센트로 그 수는 30명 가까이 된다. 한마디로 책에 대한 관심이 무척 높은 집단이란 걸 알 수 있다. 왜 책을 출판하는가에 대한 이유는 차치하더라도, 책에 기울이는 이들의 노력이 상당하다는 뜻이다. 하지만 그런 가운데 장향숙은 특별하다. 40년 동안 1만 권의 치열한 독서가 있었던 장향숙이기에 더욱 그렇다. 4년 단임의 국회의원 장향숙이 아니라 국회의원보다 훨씬 더 남다른 '장향숙'으로 기억되는 이유도 바로 그녀가 '만리장서'의 실천가였기 때문이리라.

한 사람의 삶 속에서 책이 주는 영향은 어디까지일까를 궁금해하는 질문에 명확한 답을 제시하고 있는 것이 바로 그녀의 삶이다. 커피를 좋아하기에 맛있는 커피를 마시는 것도 즐거운 인생살이 가운데 하나라 생각하는 그녀는 커피 필터에 따라 천양지차로 달라지는 커피 맛에 빗대어 책이야말로 우리 삶을 가꿔주는 가장 소중한 필터임을 고백하고 있다.

나는 커피를 좋아한다. 맛있는 커피를 마시는 것도 즐거운 인생살이 가운데 하나다. … 맛있는 커피를 마시기 위해서는 우선 질 좋은 원두가 중요하지만 그에 못지않게 내가 중요시 여기는 것은 바로 필터다. 커피를 내릴 때 어떤 필터를 쓰느냐에 따라서 커피의 맛과 향이 달라지는 것을 경험했기 때문이다. 어떤 필터는 원두를 거르는 것 이상의 철저한 자기 역할로 향까지 흡수해 버리는 통에 커피 맛을 떨어뜨리는 경우가 있다. 이와 반대로 좋은 필터는 향을 더 깊게 하고, 맛을 풍부하게 살려주어 커피를 즐길 수 있도록 해준다. 필터에 따라 커피 맛이 달라지듯 사람도 마찬가지다. 생각 이하로 맛이 떨어지는 사람이 있는가 하면, 그 이상으로 맛이 풍부한 사람도 있다. 우리가 진국이라고 부르는 사람들이다. 그것은 바로 커피와 마찬가지로 필터의 차이 때문이다. 나는 커피를 내릴 때마다 사람에게서 이러한 필터 역할을 해주는 것이 바로 '책'이라고 생각한다.

_『깊은 긍정』

1961년생인 장향숙은 두 돌이 채 지나지 않아 병마에 쓰러졌다. 역병이 돌 때마다 동네 아이들이 픽픽 쓰러져 갔고 심하게 앓으면 목숨까지 잃기도 했던 전염병의 시대였다. 다행히 목숨은 건졌으나 하반신과 오른쪽 상반신이 마비되고 말았다.

거동이 불편해 바깥 세계와 단절되었지만, 그녀는 어느 순간 부모도, 심지어 자신도 모르는 사이에 글을 깨우치게 된다. 농한기마다 매일 저녁 가족들이 호롱불 둘레에 모여 앉아 20분 정도 드리던 '가정 예배' 시간을 통해서였다. 성경 구절을 손가락으로 짚어가며 반복해 따라 읽어 나가는 사이, 어느 순간 한글을 깨우치게 되었다. 하지만 눈과 귀를 통해 자연스럽게 터득한 것이다 보니 그녀 스스로도 무엇을 안다고 말할 수가 없었다. 그게 글자라는 것을 몰랐던 그녀는 자신이 글을 깨우쳤다는 사실을 본인도 알지 못했다.

> 그렇게 내가 스스로 읽는 것이 글이라는 것도 모르고 지내던 가운데 부모님께서는 내게 글을 가르쳐야겠다고 생각하신 듯했다. 이 무렵 두 살 아래 남동생이 일곱 살이 되어 학교에 가게 되었다. 부모님은 궁여지책으로 남동생의 교과서를 가지고 내게도 글공부를 시킬 생각이셨다.
> 남동생이 입학 첫날 학교에서 받아온 책 보따리를 풀어놓았다. 나는 그 책을 부모님 앞에서 다 읽어 보였다. 성경을 통해 문자를 다 익혔던 터라 초등학교 1학교 교과서의 내용을 술술 읽어내려 갔던 것이다. 내 모습을 지켜본 부모님은 깜짝 놀라며 한없이 기뻐하셨다.
> "아니, 이제 보니 우리 향숙이가 글을 다 깨우치고 있었구나!"
>
> _『깊은 긍정』

이 일을 계기로 사람들의 시선이 조금 달라지기 시작했다. 집구석에 내팽개쳐진 '장애인'이 아니라 남다른 능력을 타고난 신비로운 아이로 부풀려져, '장씨 집안에 신동 났다'는 말이 온 동네에 퍼졌다. 신동이라는 그 아이에 대한 놀라움은 이내 그 아이가 가진 신체적 장애에 대한 안타까움과 아쉬움으로 이어졌다. 그런 연유로 사람들은 그녀를 대할 때마다 연신 혀를 찼다.

"가가 신동이라데."
"신동이면 우짤긴데. 어데 쓸 끼고, 쯧쯧."
"종일 심심해서 우야꼬, 내사마 안쓰러바서, 끌끌."

하지만 '왜 심심하다고 생각하는 거지?' 하는 의문이 들 정도로, 그녀의 하루하루는 즐거웠다. 식을 줄 모르는 에너지로 가득한 시절이었다. 무엇보다 매일매일 읽을 책이 있었기 때문이다. 글을 깨우쳤다는 사실이 밝혀진 후, 아버지의 책은 고스란히 그녀 차지가 되었다. 어린 나이라 이해하기 어려운 책들이 대부분이었지만, 글을 읽는 그 자체만으로도 커다란 즐거움이었다. 게다가 날마다 다른 표정으로 다가오는 하늘과 산, 그리고 쉼 없이 그녀 곁을 넘나들던 새와 나비, 잠자리 들 덕분에 심심할 틈이 없었다.

아홉 살 때부터 장향숙은 엄청난 독서를 해왔다. 정규교육을 받을 수 없었고 거동마저 불편했기에 책은 세상과 소통하는 그녀만의 유일한 통로이자 영혼의 보물창고였다. 아버지 책으로 시작한 그녀의 무지막지한 책 욕심을 가장 먼저 눈치챈 사람은 남동생이었다. 온종일 혼자 있는 누나가 안쓰러워보였는지 남동생은 부탁하지도 않았음에도 어디선가 책을 구해다 그녀 앞에 내밀곤 했다. 그 책을 다 읽을 때쯤이면 또 어떻게 알았는지, 새 책을 들이밀던 고마운 동생이었다.

동생이 주로 책을 빌려 온 곳은 학급문고. 1인당 두 권까지 일주일간 빌려주는 학급문고였지만, 어느 덧 한 주 두 권만으로는 욕심을 채우기 힘들게 되었다. 동생은 혼자서 누나의 독서열을 식힐 수 없게 되자 동네 아이들을 꾀어 책을 빌려다 주기에 이른다. 그렇게 해서 장향숙은 동생과 동네 아이들이 빌려 오던 책에 푹 빠져 살았다.

한번 재미를 붙인 내용이면 새벽녘까지 밤을 꼬박 새워 다 읽고 난 후에야 잠이 들곤 했다. 그렇게 얼마 동안 지내니 더 이상 읽을 책이 없었다. 할 수 없이 이미 읽은 책을 두세 번 되풀이해서 읽었다. … 시골학교 문고의 책들은 노릿한 책장을 넘길 때마다 먼지가 풀풀 날리고 퀴퀴한 곰팡내를 풍겼다. 하지만 곰팡내마저도 책 속으로 나를 유혹하는 마법의 향이었다. 내게는 곰팡내가 나는 책일수록 오랜 기간 잘 숙성된 명품 포도주처럼 느껴졌다. 심지어 도도해 보이기까지 했다. 그런 책의 책장을 넘기는 일은 우아하고 도도한 귀공녀의 속옷을 훔쳐보는 일과도 같았다. 나에게는 그렇게 짜릿할 수가 없었다.

_『깊은 긍정』

치열했던 독서로 더 이상 학교문고에든 교회문고에든 읽지 않은 책이 없어 고민할 무렵, 서울에서 일류 대학을 다닌다는 포도원집 오빠가 고향으로 돌아왔다. 들리는 소문에는 몹쓸 병에 걸려 쉬러 내려온 것이란다. 서울서 내려왔다는 백옥같이 뽀얀 대학생 오빠 소식에 동네 처녀들의 마음이 한껏 달아올랐던 그때, 장향숙도 마음이 후끈 달아올랐다.

하지만 동네 처녀들과는 달리 그녀의 이유는 서울 살던 대학생 오빠가 가지고 내려왔을 한 무더기의 책에 있었다. 동네 아주머니들이 '인물이 아깝다!'고 할 정도로 준수한 외모였던 포도원집 오빠를 방문한 건 여덟 살 위의 큰언니였다. 지금껏 책 해오던 남동생을 대신해 그녀의 언니가 심부름꾼을 자처한 것이다. 큰언니의 속셈이 어디 있는지는 알 바 없었다. 장향숙의 관심은 오직 책뿐이었다! 포도원집을 부지런히 드나들던 큰언니 덕분에 지금까지 읽어왔던 종교서적이며 관념적인 책들과는 또 다른 분야로 독서의 지평을 넓힐 수 있었다.

이번 책들은 이전에 읽었던 종교서적이며 관념적인 책들과는 달리 문학서들이 많았다. 그 덕에 김소월이나 이육사, 바이런, 랭스턴 휴즈 등의 시집과 『순애보』와 같은 소설을 접하면서 감성의 폭을 넓힐 수 있었다. 어린 나이에 무엇이 그리 슬펐던지 박계주의『순애보』를 읽으면서는 베갯머리에 눈물을 적시던 날도 있었다.

_『깊은 긍정』_

1970년대 초, 장향숙은 고향 영주를 떠나 부산으로 이사를 한다. 그녀 나이 열여섯 살이 되던 해다. 정든 곳을 떠나 새로운 곳으로 거처를 옮기는 사람이라면 누구나 그렇겠지만, 남다른 신체적 장애를 가진 그녀가 느끼는 감정은 유별났다. 살가운 동무들이 있고 영혼의 안식처가 되어준 하늘과 땅이 있는 곳, 바로 그 고향을 떠난다는 데서 오는 아쉬움과 두려움이 먼저 들었다. 하지만 소문으로만 들었던 대도시 부산이기에 새로운 세상에 대한 막연한 기대와 동경 역시 공존했다.

부산에 정착해 운수업에 뛰어든 부친의 사업은 날로 번창해 갔다. 1970년대 들어 본격적으로 시작된 경제개발계획과 해외시장 개척에 따른 달러 유입은 아버지의 운수업에 날개를 달아주었고 그야말로 대호황이었다. 당연히 그녀와 가족이 누릴 수 있는 혜택은 고향 시절의 그것과는 크게 달랐다. 요즘으로 쳐도 매일 200만 원이 넘는 돈이 수중에 들어올 정도였으니 집안의 살림살이도 하루가 다르게 폈다. 하지만 가족들과는 달리 장향숙의 부산생활은 별반 나아지지 않았다. 오히려 '돈으로 해결할 수 있다면, 아버지를 졸라 고향 집 하늘과 땅을 옮겨놓고 싶을 정도'로 고향에 대한 그리움이 가득했다. 그녀는 태어나 처음으로 어머니에게 책을 사달라는 부탁을 해보았다. 책에 빠지면 이런저런 고민도 잦아들지 않을까 하는 생각에서였다.

> 나는 그때까지 내 욕심을 내세워 어머니를 졸라본 적이 없었다. 그런 내가 책을 사달라는 부탁을 하자, 어머니는 두말하지 않고 서적 외판원을 집으로 부르셨던 것이다. 딸 아이가 생전 처음 부탁을 하자, 양껏 사주고자 마음먹은 모양이었다. … 내 방은 이내 작은 도서관이 되었다. 신학, 철학, 소설, 역사에 관련된 책부터 대학 교수나 소장할 법한 전집들로 가득한 책장은 장르에 관계없이 폭넓게 읽는 내 독서 경향을 여실히 드러내주었다.
>
> _『깊은 긍정』

부모님은 그녀의 '책 사재기'를 말리지 않으셨다. 오히려 원하는 책을 맘껏 사주는 것이야말로 불쌍한 딸에 대한 부모님의 위로인 양 흔쾌히 책값을 지불했다. 덕분에 서적 외판원은 수시로 집을 드나들었다. 올 때마다 온갖 책들을 쏟아놓고는 엄청난 매상에 함박웃음을 지으며 돌아가곤 했다. 그녀는 또다시 책에 빠졌다. 독서야말로 그녀가 잘할 수 있는 유일한 일이었기에, 읽고 또 읽어나갔다. 하지만 웬일인지 우울했다. 그녀의 표현대로 대문은 하루에도 몇 번씩 자유롭게 열리고 닫혔지만, 영혼의 집은 안으로 자물쇠가 굳게 걸린 채 어둠 속으로 가라앉고 있었던 것이다.

조선시대 최고의 독서광 이덕무는 책 읽기의 이로움으로, 굶주린 때에 책을 읽으면 소리가 훨씬 낭랑해져서 글귀가 잘 다가오고 배고픔도 느끼지 못하며, 날씨가 추울 때 책을 읽으면 그 소리의 기운이 스며들어 떨리는 몸이 진정되고 추위를 잊을 수 있으며, 근심 걱정으로 마음이 괴로울 때 책을 읽으면 눈과 마음이 책에 집중하면서 천만 가지 근심이 사라지고, 기침병을 앓을 때 책을 읽으면 그 소리가 목구멍의 걸림돌을 시원하게 뚫어 괴로운 기침이 갑자기 사라져버린다고 말한 바 있다. 독서를 통해 굶주림과 혹독한 추위는 물론 근심 걱정과 육신의 병마저 잊을 정도의 경지에 올랐던 책벌레가 이덕무였다. 장향숙도 그녀 앞에 놓인 삶이 버겁고 힘들 때마다 책을 통해 이겨나갔다.

흔들리지 않고 피는 꽃이 없듯, 시련을 겪지 않고 큰 깨달음을 얻을 수는 없는 법. 장향숙은 책 속의 주인공들이 밖으로 걸어나와 그녀의 우울증에 더욱더 부채질을 가하는 그런 고통의 과정 속

그들은 어떻게 읽었을까

으로 그녀 자신을 더욱더 몰아붙였다. 키에르케고르, 마르틴 부버, 라인홀드 니버, 쇼펜하우어 등 온갖 철학과 신학 서적들을 벗삼아 치열한 싸움을 벌였다.

소유할 것인가, 사유할 것인가

책에 빠진 사람들의 한결같은 공통점은 책 사 모으기다. 책과의 사랑에 빠진 사람들이 피해갈 수 없는 '자신의 책'에 대한 소유욕은 욕심의 수준을 훨씬 뛰어넘는다. 오죽하면 삼치(三癡)라는 말이 생겨났겠는가. 세 가지 바보라는 삼치! 책을 빌려달라고 하는 것이 첫 번째 바보요, 그 말에 책을 빌려주는 것이 두 번째 바보, 마지막으로 남에게 빌린 책을 돌려주는 것이 세 번째 바보라는 말이다.

좋아하는 책을 사기 위해 끼니를 걸렀다는 얘기는 기본이다. 좀처럼 구하기 힘든 책을 도서관에서 발견하고는 이를 대출한 후, 분실했다며 책값과 함께 벌금까지 내는 것도 마다하지 않는 정도가 되면 슬슬 병적인 단계에 돌입했다고 할 수 있겠다.

책을 사는 데 돈을 아끼지 말라는 다치바나 다카시는 명실 공히 일본 최고의 지식인 중 한 사람으로 꼽힌다. 명문대를 나와 좋은 직장에 들어갔지만 3년 만에 짐을 싸들고 나왔는데 도무지 책 읽을 시간이 없다는 게 이유였다. 3만5천 권의 책을 소장하고 있으며 이를 보관하기 위해 별도의 건물을 소유하고 있는 독서왕 다치바나 다카시에 대해 장석주 시인은 다음과 같이 말한다.

다치바나 다카시의 『나는 이런 책을 읽어왔다』『피가 되고 살이 되는 500권, 피도 살도 안 되는 100권』『지(知)의 정원』 같은 책들을 읽으며 그의 독서 편력에 드는 목록들을 보고 기가 질렸다.

하루에 책 한 권씩 읽어내는 시인 장석주가 기가 질릴 정도라니 좀처럼 가늠하기가 힘들 정도다. 하지만 그런 다치바나 다카시도 읽은 책보다는 읽지 않은 책들이 몇 천 배, 아니 몇 만 배 더 많은 게 세상 아닌가. 한 해 동안 미국에서 출판된 경영 서적만 해도 1,700권이 넘는다고 하니(1996년 기준) 다치바나 다카시의 수장고(收藏庫)가 아무리 크다 한들, 소유욕을 버리지 않는 한 그것은 결국에는 가득 차고 말 것이다. 그런 면에서 작가 장정일의 책 읽기 방식은 독특하다 못해 현명하다.

나는 많은 책을 도서관에서 빌려 읽는데, 책을 읽는 도중에 빌려 읽기
가 너무 아까운 좋은 책이나, 다 읽고 나서 필히 곁에 두어야 할 책을
뒤늦게 산다. 이런 검증을 거치지 않은 책 가운데는 읽고 나서 버려지
는 것들도 많다. 책을 읽는 방법이 천차만별이듯 버리는 일도 그럴 것
인데, 내가 가장 애용하는 방법은 외출을 할 때 버릴 책을 미리 준비했
다가 아무 공중전화 박스의 전화기 위에 올려놓는 것이다.

_장정일, 『빌린 책, 산 책, 버린 책』

장향숙은 다치바나 다카시보다는 장정일에 가까운 편이다. 선
물 중에 가장 좋은 선물이 책이라고 생각하는 그녀는 언젠가 '독
서의 날'에 책사랑 캠페인을 벌이고 연설을 한 적이 있다. 연설을
끝낸 그녀는 그 자리에 참가한 사람들에게 원하는 책을 맘껏 고
르도록 해 80만 원이 넘는 금액을 지출했다. '책은 소유하는 사람
의 것이 아니라 읽는 사람의 것'이란 게 그녀의 생각이다. 수만 권
의 책을 소유하는 것 이상으로 그 책을 읽고 남다른 사유를 경험
하는 것이 중요하다는 것. 그야말로 소유보다는 사유가 더 중요
하다는 뜻이다.

유난히 말이 없었던, 그리고 무엇보다 옴짝달싹하지 못했던 장
향숙은 또 그렇게 자신만의 방식으로 사유의 시간을 가졌다. 누구

하나 옆에 있어주지 않았기에 스스로 읽고 스스로 묻고 찾아가는 과정에서 남다른 배움의 고초가 오죽 많았으랴. 하지만, 지나간 것은 모두가 아름다운 법! 유난히 외롭고 힘든 과정이었기에 누구보다 논리적으로 사유하는 훈련이 가능했을 것이다. 직접 몸으로 부딪혀 가며 경험했던 수많은 흔적 하나하나가 오늘의 그녀를 일으켜세운 것이다.

사람들은 저마다 책을 통하여 세상을 체험하는 자기 나름의 방식이 있다. 책은 사람과 사람의 만남처럼 무척 개인적이기 때문이다. 소아마비라는 신체적 장애 때문에 학교 문턱을 넘는 것을 엄두도 못 내던 시절, 내가 유일하게 할 수 있는 일이라고는 덕지덕지 쌓아놓고 책을 읽는 것뿐이었다. 지식에 대한 내 열망이 너무나 커 높이 쌓아놓은 책들이 금방 동이 나는 경우도 있었다. 이렇게 내 작은 방을 마음대로 오갈 수 있었던 것은 공기와 빛과 책이 고작이었다. 좁은 방에서 읽은 책들은 내 마음속에 차곡차곡 쌓여 계단을 만들어가고 있었다. 무딘 다리를 이끌며 책의 계단을 기어서 세상 밖으로 나갈 수 있게 되었으니, 책이 바로 내 견인차인 셈이다.

_『깊은 긍정』

책을 계단 삼아 바깥세상으로 나오다

장향숙은 대한장애인체육회 초대 회장을 맡았다. 일반적으로 체육회장은 사회적으로 성공한 기업인의 몫이다. 재정적으로 취약한 협회 입장에서는 사회적으로 인정받는 성공 기업인의 관심과 지원이 필요해 기업인을 협회 회장으로 모시려는 움직임은 여전하고 자연스럽기까지하다. 축구가 그렇고 농구, 배구에 권투, 테니스까지 거의 모든 종목이 그렇다. 기업 입장에서는 기업의 사회적 책임이라는 '공익적' 필요성은 물론 협회 회장이라는 직함이 주는 여러 가지 이점이 있다. 그러다 보니 인기 종목의 경우 그 자리를 놓고 몇몇 기업이 경합을 벌이는 경우가 있는가 하면, 반대로 비인기 종목의 경우 맡으려는 사람이 없어 회장을 구하지 못해 비워두는 경우도 있다.

간혹 기업인 개인의 취미가 이어져 자연스럽게 해당 종목 협회 회장 자리까지 맡는 경우도 있으나 대부분 취미와 관계없이 맡게 되는 경우가 많아 해당 종목에 대한 이해가 부족한 경우도 흔히 있다. 그런 면에서는 장향숙도 마찬가지였을 것이다. 장애인체육회에서 그녀가 잘 알고 있는 부분이라면 '장애인' 말고 또 뭐가 있을 수 있겠는가 말이다.

그런 그녀인데, 전국장애인체육대회를 맞이하여 장애인스포츠에 대해 한 말씀 해달라는 기자의 질문에 남다른 대답을 하는 게 아닌가. 만리장서를 통한 두터운 깊이가 없었다면 쉽게 던지지 못했을 법한 그녀만의 사유가 돋보인 내용이었다.

"배울 점이 많은 것이 장애인스포츠다. 일반적으로 스포츠라고 하면 눈에 보이는 역동성에 주목하게 되지만, 장애인스포츠는 정신적으로 매우 높은 집중력을 요구한다. 선수들의 숨고르기 하며, 매우 깊은 집중력이 요구되는 장애인 스포츠를 지켜보다 보면 작은 움직임 하나가 우주를 움직일 만한 큰 힘으로 변화될 수 있음을 깨닫게 된다."

장애인은 우리 사회의 소외계층이라 누구보다 더 큰 관심과 배려가 필요하다느니, 애정 어린 시선을 가져달라느니 하는 게 일반적이지 않은가. 하지만 '일반적'인 수준에 '특별한' 관심을 가질 수는 없는 법! 실로 삼라만상을 휘어잡을 큰 힘이 어디서 솟아나는지 다시금 눈여겨보게 만드는 '장애인스포츠'에 대한 설명이었다. 미세한 움직임이 큰 변화를 가져오는 게 장애인스포츠란다. 그러기에 선수들의 숨고르기 하나하나에도 온 정신을 집중해서 관전해야 하는 스포츠라니 가히 놀랍지 않은가. 게다가 작은 움직임이 이어져 결국에는 우주를 움직일 만한 큰 힘이 될 수도 있음을 깨달았다는 부분에서는 과연 그녀답다는 생각이 들었다.

나이를 먹어갈수록 고정관념이 점점 늘어간다. 그런 것들이 쌓여 높은 벽이 되고 두꺼운 껍질이 되어 정작 그 생각의 주인인 당사자의 판단을 흐리게 만들기도 한다. 하지만 어찌된 연유인지 사람들은 그 벽을 무너뜨리거나 껍질을 벗기는 것에 매우 주저하고 심지어 두려워하기까지 한다. 어느 순간 벽과 껍질이라는 울타리 속에 편안해져버린 것이다.

"모든 인간은 자기가 갖고 있는 껍질과 벽이 있어요. 이것들을 깰 때에만 소통이 되고 변화가 되며 생존이 가능하죠. 그렇지 않으면 불행한 삶을 사는 거예요. 나이 들어서 자신의 껍질과 벽을 깨는 건 힘들어요. 어릴 때부터 그런 능력을 길러야 하죠. 그리고 그런 능력은 독서를 통해서 길러집니다. 자신과 생각이 다른 사람의 글, 자신과 감성이 다른 사람의 글, 자신과 전공이 다른 사람의 글, 즉 책을 볼 때 껍질이 부드러워지죠. 껍질이 부드러워져야 다른 게 들어올 거 아닙니까."

_ 한정원, 『지식인의 서재』, 조국 편

독서를 하지 않는 것은 흐르지 않는 물을 계속 먹는 것과 같아 책을 통해 새 물을 채워넣어야 한다고 믿는 서울대 법학전문대학원 조국 교수의 말처럼, 장향숙은 한평생 책을 통한 간접체험을 통해 지식과 지혜를 자신의 우물에 채워넣은 사람이다. 그녀가 항상 되새기는 말은 '변화의 차원은 내 자신 속에 있다'는 것이다. 이 말은 곧, '나를 만드는 사람만이 세상을 만들 수 있다'는 뜻이다. 장향숙은 살아오면서 이 말을 철석같이 믿어왔다.

　일평생 치열한 독서를 온몸으로 실천해 온 사람이 바로 장향숙이다. 소아마비라는 신체적 장애와 학교라곤 다녀본 적 없는 학력, 하지만 그녀에게는 40여 년간 쌓아온 치열한 책 읽기가 있었다. 몸은 불편했지만, 책을 통해 가보지 않은 곳이 없었고, 무학이라고는 하지만, 도무지 모르는 게 없는 그야말로 제대로 된 지식인이었던 것이다. 그녀에게 책은 모든 것을 가능하게 만들어준 삶의 구원자였다.

장향숙의 대표작
『깊은 긍정』, 지식의숲, 2006년

2부

성공의
가능성을 높이다

1

안철수
책으로 기초지식부터 쌓아라

안철수

1962년 부산에서 태어나 서울대학교 의과대학을 졸업하고 단국대학교 의과대학에서 전임강사를 지냈다. 스탠퍼드 대학교 벤처비즈니스 과정 및 펜실베이니아 대학 EMTM 과정(Executive Master of Technology Management, 일종의 테크노 MBA과정)에서 기술경영학 석사를 취득했다. 1988년 서울대 의대 박사과정 중에 처음 접한 '브레인 바이러스' 퇴치를 시작으로 7년 동안 컴퓨터 백신 만들기에 열중한다. 의학과 컴퓨터 공부를 병행하다 1995년 주식회사 형태의 안철수컴퓨터바이러스연구소를 설립한다. 1995년 2월부터 2005년 3월까지 10년간 (주)안철수연구소의 대표이사, 사장을 지냈다. 카이스트 석좌교수와 서울대학교 차세대융합과학기술대학원 원장을 역임했다.

마르크 블로크의 『이상한 패배: 1940년의 증언』에 대해 작가 장정일은 다음과 같이 언급한 바 있다.

한 나라의 진정한 전력(戰力)은, 국가가 사회 구성원 전체에게 법 앞의 평등을 구현하고 또 시민 개개인이 국가에 대해 얼마만큼이나 주권을 행사할 수 있는가와 연관된다. 자신이 살고 있는 나라가 특별한 소수만을 위해 왔으며 자신의 존재가 한 국가의 주권자로 인정되지 못하는 상황에서는, 자발적인 병역과 희생적인 전의(戰意)를 끌어낼 수 없다.

_ 장정일, 『장정일의 공부』

우리 사회에는 자천타천의 많은 지도자가 있다. 하지만 대부분 '지도자라는 사람이……'의 범주를 크게 벗어나지 못한다. 진정 존경할 만한 지도자는 드문 시대이기에 안철수라는 인물이 더욱 빛난다.

그에 대한 까닭 없는 믿음은 우리나라 최초로 컴퓨터바이러스 백신을 개발하고 1세대 벤처기업의 포문을 열며 개척정신이 무엇인지 몸소 보여주었기 때문은 아니다. 그런가 하면 서울대 의대를 마치고 20대에 대학교수로 임용되는 등 우리 사회가 말하는 이상적인 성공 가도를 내처 달렸기 때문도 아니다. 성공한 벤처기업 창업자가 안철수 한 명인 것도 아니고 의대를 졸업하거나 혹은 20대에 대학의 전임으로 임용되는 경우가 그 한 사람뿐인 것도 아니다. 쉽지 않은 길을 헤쳐온 사람들의 노력에 공감하고 때론 감동하곤 해도 그들 모두를 존경할 수 있는 것은 아니지 않는가.

안철수라는 이름 앞에선 남다른 느낌을 지울 수 없다. 바로 '안철수다움' 때문이다. 살아오면서 거짓말을 해본 적이 없다는 거나, 평생 딱 한 번 신호를 위반하며 중앙선 침범을 했고, 바로 그 일 때문에 밤새 뒤척이다 잠을 이루지 못했다는 얘기가 거짓말 같지 않기에 그의 말과 행동 하나하나에 남다른 무게가 느껴진다.

1991년 2월, 미켈란젤로 바이러스(Michelangelo Virus)가 전국에 퍼졌다. 내일이면 군대 입소를 해야 했다. 훈련기간 석 달 동안은 백신도 만들지 못하므로, 입소 전까지는 무슨 일이 있더라고 치료할 수 있는 프로그램을 만들어놓고 가야만 했다. 결국 새벽까지 그 일을 하고 부랴부랴 입영 기차를 탔다. 대구에 있는 군의학교에 도착해서 내무반으로 들어갔다. 모두들 전날 가족들과 헤어진 얘기를 하고 있었다. 전날 저녁에 같이 밥 먹었던 이야기, 헤어질 때 이야기들이었다. 그런데 그 말을 듣고 나서 아무리 생각해 보아도, 내가 가족들에게 군대 간다고 이야기를 했던 기억이 없었다. 무슨 일이 있더라도 입소 전까지 마쳐야 할 일을 하다 보니, 다른 일들은 까마득하게 잊고 만 것이다.

_『행복 바이러스 안철수』

한 인간에 대한 믿음은, 그 사람이 자신의 삶을 통해 얼마나 무엇을 어떻게 보여왔는지와 연관된다. 자신에게 남달리 관대하고 자신의 이익에 특별히 골몰하여 상황에 따라 매번 달라지는 사람을 어떻게 믿을 수 있겠는가. 그런 사람은 존경은 물론 깊은 신뢰를 이끌어낼 수 없을 것이다. 그런 면에서 안철수는 매우 드문 존재라 할 수 있다. 너무 이상적이라 현실에서는 제대로 이루기 힘들었던 '올바른 삶'을 보여주고 있기 때문이다.

안철수라는 이름을 처음 접한 건 백신프로그램 V3에서였던 것으로 기억한다. 청계천에서 IBM 호환용 컴퓨터를 마련한 게 1986년. 그때도 지금과 마찬가지로 가장 많이 사용하는 것은 워드프로세서였다. 무료로 배포되던 한글 프로그램이 조금씩 늘어나던 바로 그 시절로, 나는 삼보컴퓨터에서 만든 '보석글'이란 워드프로세서를 쓰고 있었다. 요즘이야 상상하기 힘들겠지만, 해당 프로그램은 낱장의 플로피디스켓에 담겨 있어 사용할 때마다 A드라이브에 넣었다 뺏다를 반복해야 했다. 당시만 해도 이런 것이 번거롭다는 생각을 할 상황이 아니었다. 타자기가 보편화된 시절이었고 편집과 수정이 용이하고 저장도 가능했던 컴퓨터는 그야말로 기적처럼 느껴졌으니까. 비록 세운상가에서 만든 시장표 컴퓨터였지만 주위에 그런 PC를 갖고 있는 사람이 무척 드물기도 했다.

플로피디스켓에 문제가 생길 때마다 V3는 아주 요긴한 해결사였다. 아니, 절대적인 해결사였다. 바이러스에 관한 한 V3는 만병통치약이었으니 말이다. 꽤나 자주 백신프로그램을 사용했건만, 그 당시엔 안철수에 대해 몰랐다. 백신프로그램은 요긴했지만, 그걸 만든 사람이 누구인지는 몰랐다. 좀 더 정확히 말하면 별 관심이 없었다고나 할까. 게다가 돈을 내고 프로그램을 산다는 생각 자체를 해본 적이 없었다. 소프트웨어 자체가 불법 복제를 통해 퍼지는 게 당연하게 여겨지던 시절이다 보니 그 프로그램의 제작이나 개발자에 대해 관심을 가질 이유가 전혀 없었다. 저작권이니 지적소유권이니 하는 개념 자체가 희박한 시절이었던 것이다. 어쨌든 그의 이름을 모른 채로, 안철수 그에게 신세진 세월이 꽤 된다.

우리는 우리가 읽은 것으로 만들어진다

전 세계의 많은 사람들이 빌 게이츠에게 성공 비결을 묻는다. 의외로 그의 대답은 평범하다.
"오늘의 나를 만든 것은 조국도 아니고 어머니도 아니다. 내가 살던 작은 마을의 도서관이었다."

'책 읽기가 한 사람의 인생을 바꾸어놓는다'는 격언을 현실로 보여주는 대답이 아닐까.

_ 박재원·구해진, 『핀란드 부모 혁명』

"우리는 우리가 읽은 것으로 만들어진다"는 독일의 유명한 문호 마틴 발저의 말처럼, 책은 우리 인간이 '어떤' 것을 이루고 '무엇'인가가 되는 데 가장 유익한 길잡이다. 유년 시절, 혼자 있는 게 더 편했던 안철수의 옆자리를 채운 건 책이었다. 혼자였기에 다른 사람과 대화를 나누지 못하는 데서 오는 공백을 소설이 적절히 메워주었기 때문이다. 더불어 소설에 나오는 인간 군상을 통해 소년 안철수는 간접적이나마 사람에 대한 이해를 더할 수 있었다. 그런 와중에 어느 순간 책 읽기에 도가 텄고 그럴수록 책에 빠져들었다.

글을 깨친 것은 초등학교 1학년 때였다. 그 이후로는 글자라고 생긴 것은 닥치는 대로 읽기 시작했다. 내가 책을 좋아하는 것을 아신 부모님은 방학 때마다 전집류를 사주셨다. 그러면 나는 방에 틀어박혀 방

그는 책이 인생의 가장 좋은 스승이라고 생각하기에 사람들에게
책을 읽으라고 적극적으로 권하는 편이다. 오랜 독서 생활을 통해
책의 가치를 누구보다 깊게 인식하고 있는 그가 보기에 요즘 사람
들의 책 읽기 방식이나 태도는 무척 아쉽다. 차근차근 나아가야
할 책이건만 한 방에 뭔가를 끝내고자 하는 속전속결의 패러다임
이 팽배하기 때문이라는 것이다.

만약 어려운 상황에 부딪혔을 때 책에서 해답을 찾으려고 한다면 백이면 백 실망만 할 것이다. 결국 정답은 자기가 찾아야 하기 때문이다.

_『CEO 안철수, 지금 우리에게 필요한 것은』

책이 가진 다음과 같은 두 가지 의미로 안철수는 여전히 책이 가장 훌륭한 스승이라고 확신한다.

첫 번째 의미는 책을 읽음으로써 이미 알고 있던 것이라 해도 다시 한 번 스스로 깨닫게 해준다는 점이다. 책을 읽기 전까지 몰랐던 것이 아니라 경험하고 사고하면서 마음속에 쌓아왔던 그 '무엇'을 스스로 깨닫게 해주는 계기를 마련해 주는 것이 바로 책이다. 책을 읽으면서 책의 내용과 자기 상황을 연관시켜 생각하는 과정에서 어느덧 '그것'을 깨닫게 되고 그만큼 사고의 폭이 넓어지는 효과가 있다. 두 번째 의미는 내가 모르는 세상이 존재한다는 사실을 깨닫게 해준다는 점이다. 책을 읽다가 잘 이해되지 않는 부분을 발견하거나 새로운 미지의 영역이 열리는 것을 느낄 때, 새삼 자신의 부족한 부분을 깨닫게 되고 발전의 계기로 삼을 수 있다.

_『행복 바이러스 안철수』

책을 한 번 들었다 하면 까만 건 뭐든지 주시해서 봤다. 표지부터 찬찬히 살피고 나서 목차는 다 외울 정도로 정독한 다음, 본문은 한 쪽 넘길 때마다 쪽 수도 모두 읽은 후에 다음 글을 읽을 정도였다. 그리고 본문을 읽으면 출판사 이름과 주소, 발행인, 날짜, 정가까지 모두 확인해서 읽었다.

_『행복 바이러스 안철수』

안철수는 정독주의자다. 책은 천천히 제대로 음미하며 읽어야 한다는 것이다. 스스로 보기에도 책을 매우 심하게 정독하는 편인 그는, 책을 대하는 태도 또한 남다르다. 책이 담고 있는 내용과 더불어 그 책을 읽어내는 사람들의 올바른 태도와 습관이 조화를 이룰 때 적절한 독서가 이루어진다고 생각하는 편이다. 이제 그가 얘기하는 안철수식 독서 방법에 대해 들어보자.

첫째, 사람들이 책을 통해서 얻을 수 있는 것은 자기가 이미 알고 있고 경험한 정도에 비례한다. 마찬가지로 한 사람이 같은 책을 읽는다 할지라도 몇 년 전에 읽었을 때와 시간이 흐른 뒤 다시 읽었을 때의 느낌이나 감동은 상당히 다르다. 따라서 어떤 책을 한 번 읽었다고 해서 그 내용을 모두 이해하고 있다고 자신하는 것은 위험한 생각이며, 다른 사람이 같은 책을 읽었다고 해서 그 사람의 지식이 나와 같을 것이라고 단정하는 것 역시 잘못된 생각이다.

둘째, 유익한 책 읽기의 또 하나의 열쇠는 사색이다. 글을 읽는 것만큼 중요한 것이 사색이라고 생각한다. 해치운다기보다는 얼마나 많은 것을 얻을지에 중점을 두어야 하며, 여러 권보다는 한 권이라도 천천히 생각하며 읽는 게 좋다. 아울러 내용을 자신의 경험이나 현재 상황과 비교해 보고 기존에 읽었던 다른 책과 연관 지어봄으로써 책에 담긴 지식도 내재화하고 사고의 폭도 넓힐 수 있다.

셋째, 편식하지 않아야 한다. 관심 분야에 집중하는 게 나쁜 건 아니지만, 편협한 사고방식은 경계해야 한다. 한때 저자에 대해 맹목적인 신뢰를 가졌던 그였지만, 이제는 다소 비켜서 있다. 책은 세상을 바라보는 저자의 시각을 담아놓은 그릇이지만, 세상의 모든 사물과 현상은 여러 가지 측면을 가지고 있기에, 책의 내용을 무조건 믿기보다는 융통성과 함께 열린 마음으로 바라보는 것이 필요하다는 것이다.

나는 항상 글 쓰는 사람들을 존경했다. 그 사람들이 글을 잘못 썼으리라는 생각은 전혀 할 수 없었다. 그래서 비판적인 글 읽기가 아닌 무조건 수용적인 자세로 책을 읽었던 것 같다.

_『행복 바이러스 안철수』

넷째, 마음에 드는 부분만 받아들이고, 마음에 들지 않는 내용은 대충 넘어가거나 이를 거부하는 잘못을 범하지 말아야 한다. 변명 거리 또는 방어 논리를 마련하느라 책을 읽는 것이라면 차라리 읽지 않는 게 낫다. 책이란 자신의 부족한 부분을 깨우치고, 모자란 부분은 보충하며, 더욱 발전하기 위해 활용할 때 진정 빛나기 때문이다.

다섯째, 책이 직접적인 답을 제공해 주지는 않는다는 마음가짐이 있어야 한다. 책과 현실의 복잡한 상황 사이에는 닿을 수 없는 차이가 존재하기 때문이다. 따라서 책은 해답을 제시해 주는 지도자나 선생님이라기보다는, 옆에서 여러 가지 견해를 들려주는 충실한 조언자나 동반자로 생각하는 것이 좋다.

여섯째, 읽는 것에 그쳐서는 안 된다. 그런 면에서 현실에 반영하지 못하는 지식은 쓸모없는 것이라는 말은 맞는 말이다. 책을 통해 얻게 된 새로운 시각을 바탕으로 생각과 마음의 변화 및 생활이나 일하는 방식의 변화까지 만들어내려는 자세가 필요하다.

마지막으로, 책의 영향이 나타나기까지 어느 정도의 시간이 필요하다는 사실을 주지한다. 따라서 조급한 마음은 금물이다. 좋은 책일수록 효과는 더디지만 확실하다. 그러니 언젠가는 책 읽은 효과가 빛을 발하리라 믿고 꾸준히 책 읽기를 계속해 나가야 한다.

안철수의 초등학교 성적은 60명 중 30등으로 지극히 평범한 수준이었다. 하지만 이 시절에도 책 읽기에서만큼은 평범함을 뛰어넘어 도서관에 있는 책을 거의 다 읽었을 정도라고 한다. 매일 책을 빌려가는 그의 독서력을 알지 못했던 선생님이 그가 장난치는 줄 알고(도서관 책에 경쟁적으로 자신의 이름을 적는) 책을 빌려주지 않겠다고 한 적도 있었다.

매일 읽고 또 읽었던 그 책의 힘이 마침내 고등학교 때 빛을 발하게 된다. 원래부터 문제 없었던 국어는 그렇다 치고, 힘들게만 느껴졌던 영어도 관련되는 책을 읽고 차근차근 이해해 오던 그의 독서습관을 접목하면서 극복할 수 있었다. 학년이 거듭될수록 그의 성적은 올랐고, 마침내 최고의 자리에 오를 수 있었다.

책 읽기의 힘은 그처럼 스스로 공부하고 좋은 성적을 내는 데 그치지 않고, 그가 인생의 수많은 갈래 길에서 후회 없이 자신의 길을 찾아가는 데 큰 동력이 되었다.
"한 권의 책이 평범한 사람의 인생을 바꿔놓고, 역경을 이기는 힘의 원천이 된다. 내가 중년의 나이에도 새로운 일에 도전할 수 있는 힘의 근저에는 책이 있었다."

_ 박재원·구해진, 『핀란드 부모 혁명』

중요한 건 기초지식이다

1982년 가을, 안철수는 컴퓨터와 운명적인 만남을 하게 된다. 함께 살던 고대 의대생이 집을 얻어 나가면서 방을 옮기게 되었는데 그 방에서 애플컴퓨터를 처음 보게 된 것이다. 그때까지만 해도 컴퓨터에 관해서라면 중학교 때 해외토픽에 소개된 걸 간간이 눈으로만 접하고 고교 시절 기술 선생님이 포트란(Fortran)을 가르쳐준 게 전부였다. 컴퓨터 프로그래밍언어 '포트란'이었다기보다는 뭔지도 모르고 무작정 외워야만 했던 교과 과정 중 하나였다고 볼 수 있었다. 당시 안철수는 그런 수준이었다. 하지만 처음 접한 애플컴퓨터에 대한 문화적 충격은 상상 그 이상이었고 그로부터 1년이 조금 더 지난 1983년 겨울방학 때 크게 마음먹고 컴퓨터를 구입한다.

당시로서는 우리말로 된 해설서나 입문서가 거의 없었던 데다가 원서를 구하기도 쉽지 않았기에 컴퓨터를 공부하기가 무척 어려웠다. 우리나라 제2의 도시라는 부산에서조차 컴퓨터에 대한 책을 찾아볼 수 없을 정도였다. 독학으로 컴퓨터를 익힐 수밖에 없었다. 하지만 그렇기 때문에 얻은 수확도 꽤 컸다. 수많은 시행착오를 통해 더 많이 고민하고 그 과정에서 더 깊게 컴퓨터를 배울 수 있었기 때문이다.

그들은 어떻게 읽었을까

그러나 운영체제와 같은 컴퓨터의 기초부터 탄탄하게 익힌 다음 워드
프로세서 사용법을 익히면, 시간은 많이 걸리지만 문제가 생겼을 때
스스로 해결할 능력이 생긴다. 다양한 문제에 대해서도 조금만 고민
하면 쉽게 대처가 가능해진다는 것이다. 한마디로 기초가 튼튼하면
초기 행보는 느릴지라도 장기적으로는 오히려 앞설 수 있는 저력이
생기게 된다는 것이다.

_ 이규성, 『명문 기업가의 자식농사』

애플컴퓨터 시절 컴퓨터언어 공부를 주로 했던 그는 IBM 컴퓨
터 시대가 오자 대학원 조교 월급을 석 달 동안 모으고 그래도 부
족해 선배로부터 두 달 동안 나누어 갚기로 하고 마련한 100만원
으로 XT기종을 구입했다. 이 컴퓨터는 당시로서는 파격적이게도
하드드라이브가 표준으로 도입된 최초의 제품이었다. 한마디로
컴퓨터 안에 하드디스크가 들어 있는 기종이란 것인데, 그는 이
를 사용하기 위해서 필요한 컴퓨터 운영체제 도스(DOS)를 공부하
기 시작했다. 그렇게 IBM 기계어 공부가 막 끝난 것이 1988년 초
반으로, 그때 처음으로 컴퓨터바이러스라는 이상한 것이 나돌기
시작했다. IBM 기계어로 작성된 프로그램의 일종인 '바이러스'를
기계어 공부를 막 끝낸 안철수가 몰라볼 리 없었다. 그는 바이러

스 프로그램을 분석하고 그것을 퇴치할 수 있는 백신프로그램을 만들어냈다.

컴퓨터도 마찬가지였다. 그가 컴퓨터바이러스를 막는 백신프로그램을 개발할 수 있었던 것은 컴퓨터를 다루기 전 컴퓨터의 기본 언어인 '기계어'를 공부했기 때문이다. 그가 늘 '미련해 보일 만큼 성실하게 기초를 닦아야 나중에 성공이 따라온다'고 강조하곤 했던 것은 모두 이런 자신의 경험에서 우러나온 것이다.

— 김상훈, 『컴퓨터 의사 안철수 네 꿈에 미쳐라』

안철수는 뭔가에 접근할 때 가장 기초적인 것부터 시작했다. 프로그램을 활용하기에 앞서 먼저 운영체제에 대해 익혔다. 보통 사람들이라면 매뉴얼은 뒷전이요, 작동법은 그때그때 몸으로 부딪쳐가며 배우는 게 일반적이었겠지만 안철수는 달랐다. 그는 기계어를 먼저 공부하고 원리를 탐구하며 기초지식 쌓기를 먼저 했다. 기초지식을 무엇보다 우선으로 여기는 이유는 기초지식이 확보되어야 문제가 생겼을 때 적절히 대응할 수 있으며, 그것이 바탕돼 있어야만 수많은 시행착오를 통해 얻은 경험 지식이 차곡차곡 쌓일 수 있기 때문이라는 것이다. 만일 기초지식이 없는 경우라면 이전과 비슷한 문제가 생겨도 이를 통해 학습되는 건 별로 없고 실력의 향상은커녕 매번 고만고만한 수준을 벗어나지 못한다는 것이다.

컴퓨터 공부를 시작했을 때, 그는 컴퓨터도 없는 상태에서 책부터 읽기 시작했다. 읽다가 모르는 부분이 있으면 빨간 줄을 그어놓고 모르는 채 놓아두고 계속 책을 읽어나갔다. 한 권의 책을 다 읽은 다음에는 그 책을 다시 읽기보다는 같은 주제의 다른 책을 사서 보았다. 그러다 보면 앞서 읽은 책에서 이해하지 못했던 부분을 다른 시각에서 설명하거나 더 기초적인 지식으로 풀어놓은 해석들이 나오면서, 몰랐던 문제들이 자연스럽게 풀렸다. 이처럼 한 권의 책을 여러 번 읽기보다는 여러 권의 책을 소처럼 부지런히 읽어나가다 보니 결국은 서로가 서로를 보완하면서 의문이 해소되고 읽었던 책들을 전부 이해할 수 있게 되었다.

_이규성, 『명문 기업가의 자식농사』

의대 예과 2학년 때, 살아가면서 취미 하나쯤은 있어야겠다는 생각에 바둑을 배우기로 결심했다. 여러 가지 취미 중에서 바둑을 택한 건 내성적인 그의 성향에도 잘 맞았겠지만, 스트레스가 일상화된 의대의 교육 과정 또는 장래 의사라는 직업 앞에 놓인 숙명과 같은 피로를 이겨낼 정신 수양에 도움이 될 것 같았기 때문이었다. 하지만 그 바둑을 배우는 방법은 시작부터 남달랐다.

바둑을 배워야겠다는 결심이 서자 그가 제일 먼저 찾아간 곳은 기원이 아니라 서점이었다. '인류가 쌓아놓은 세상의 모든 지혜는 책 속에 있다고 믿으며, 사람이 세상에 남기는 유일한 흔적이 글'이라고 믿는 그로서는 당연한 수순이었다. 서점에 가서 바둑에 관해 인류가 남긴 모든 지혜를 살펴보기로 한 것이다. 지금껏 그래 왔던 것처럼 바둑을 배우기 위해 가장 먼저 한 일도 책부터 사서 보는 일이었다.

바둑은 보통 잘 두는 사람 어깨너머로 배우게 된다고 한다. 그런데 나는 '실전→이론'이 아니라 '이론→실전'으로 바둑을 배웠다. 바둑을 배워봐야겠다는 생각이 들자 먼저 서점에 들러 무작위로 바둑 입문서를 하나 샀고, 이어 포석, 정석, 끝내기 등을 책으로 익혀나갔다. 아마 50권은 읽었던 것 같은데, 자주 보는 바람에 책을 모두 외워버릴 정도가 되었다. 책을 통해 바둑이 어렴풋이 머릿속에 그려질 무렵, 현실감각을 익히기 위해 실제로 바둑을 두기 시작했다. 처음에는 공부한 것이 전혀 소용없어 보였다. 10급에게 9점을 놓고 100집 이상을 졌다. 실전감각이 없었기 때문이었다. 그런데 자꾸 두다 보니까 책을 읽어두었던 것이 큰 밑거름이 되는 것을 알 수 있었다. 책으로 습득된 '내공'이었던 것이다. 그래서 1년 후에 아마추어 1, 2단 수준까지 오르게 되었다.

_『CEO 안철수, 영혼이 있는 승부』

종류별로 50권 정도의 바둑 책을 읽어나간 그를 상상해 보자. 아무리 봐도 그 내용을 이해할 수는 없었다. 하지만 무조건 읽어내고 중요한 정석(定石)은 모조리 외워버리는 게 안철수 스타일이었다. 그는 1년 후 아마추어 1, 2단 수준까지 오를 정도로 기량이 급격하게 향상되었고, 마침내 대학 시절 기숙사 바둑대회 우승 타이틀을 거머쥐었다. 그때 부상으로 받은 바둑판과 알을 소중하게 보관하고 있다. 소중한 추억의 물건이기도 하며 먼 훗날 좀 더 여유로운 상황이 되면 다시 꺼내 평생 친구로 함께할 계획이기 때문이다.

취미로만 생각했던 바둑이었지만 이를 통해 경영에 관한 큰 깨달음도 덩달아 얻었다. 부분보다는 전체를 보는 큰 시각과 기본 지식의 중요성 그리고 전략적 선점의 필요성 등이 그것이다.

내가 바둑에서 배운 경영원리는 크게 세 가지다.
첫째는 부분적인 이익보다 전체 국면을 보는 태도다. … 바둑이 그러하듯 인생이나 사업도 결국은 장기전이라고 생각한다.
둘째는 바둑을 배울 때 정석을 외운 뒤 몸으로 체화했는데, 그런 경험 때문인지 경영을 할 때도 이론을 체화하는 것을 중요하게 생각하게 된 점이다. … 바둑 1급 정도 수준이 되면 정석대로 두지 않는 경우도 많다. 하지만 정석을 마스터하지 않으면 정석에 변화를 줄 수가 없다.

마찬가지로 교과서 내용을 다 알고 있는 상황에서 다른 방법을 택해야 한다면 정답을 찾을 수 있는 확률이 높다. 텍스트도 모르면서 무조건 안 된다고 하면 오히려 실패할 확률이 더 높다.

셋째는 요소를 차지하고 있어야 한다는 전략이다. 바둑에서 요소는 승부처다. 급소를 차지하고 있으면 바둑이 편해진다. 이런 바둑의 원리는 상대방이 먼저 뛰어들어 가장 타격이 큰 곳은 내가 선점해야 한다는 지혜를 주었다.

_『CEO 안철수, 영혼이 있는 승부』

글 쓰기를 소중하게 여기는 삶

메모광으로도 유명한 안철수는 "메모한 것을 모았더니 책이 되더라"라는 말로도 유명하다. 평소 독서를 많이 하는데 책을 읽다가 떠오른 생각은 반드시 메모를 하는 습관이 있으며 CEO로 근무할 당시 이런 메모들을 정리해 회사 홈페이지에 글을 올리고 매달 전 직원들에게 이메일을 보내곤 했다. 그에게 있어 글 쓰고 책 쓰는 일은 경영과 무관하지 않은 것이다. 직원들에게 보내는 이메일은 조직의 융합과 회사한 사람의 가치는 그 사람이 없을 때 더 드러나는 법이다. 빈자리가 더 커 보이는 사람이 있는가 하면 있어도 그 존재감이 희미한 사람도 있다. 빈자리를 통해 자신의 존재감(이 경우는 실체)이 평가되는 게 두려워 장기 휴가를 가지 못하는 사람이 있을 정도라니 이를 두고 웃어야 하나 말아야 하나. 그런 의미에서 「동아일보」의 김상훈 기자는 공부를 하기 위해 미국으로 떠난 안철수의 사무실을 찾았다. 주인 없이 비어 있는 사무실. 하지만 그 사무실은 그가 회사를 떠나기 전과 비교해 변한 것이 없었다. 오랫동안 사용해 온 구식 노트북이 여전히 책상 위에 놓여 있었다. 나중에 찾기 쉽게 순서대로 정리해 둔 것이니, 건드리거나 치우지 말아달라던 안철수의 부탁에 서류더미가 잔뜩 쌓였고 그 위에 먼지가 차곡차곡 앉아가는 그런 분위기였다.

안철수가 없는 안철수의 사무실. 김상훈 기자의 표현대로 '안철수연구소가 계속해서 한국 벤처기업의 자랑으로 살아남을 수 있을지, 안철수가 계속해서 존경받는 기업인으로 남아 있을지'를 가늠해보고자 방문한 곳이다. 그런 그곳에서 진실을 아는 데에는 그리 많은 단서가 필요치는 않을 거라고 생각한 김상훈 기자가 눈여겨본 것은 안철수의 책꽂이였다.

책들이 빼곡했다. 정신없이 바빴을 10년의 경영자 생활 동안 무려 아홉 권의 책을 써낸 사람의 책꽂이다. 컴퓨터 프로그래밍과 관련된 전문 서적부터 『펠리컨 브리프』 등으로 유명한 미국의 베스트셀러 소설가 존 그리샴의 영문 소설까지 수백 권의 책이 한쪽 벽을 가득 채웠다. 책들은 대부분 깨끗했고, 손을 댄 흔적도 보이지 않았다. 타고난 독서광으로 유명했던 안철수의 책꽂이답지 않았다. 다른 책들도 마찬가지였다. 하나같이 새 책처럼 깨끗했다. 독서광 안철수는 사실은 책을 읽지 않는 거지말쟁이였던 것일까?

『렉서스와 올리브나무』라는 책을 보면 진실을 알 수 있다. 이 책은 토머스 프리드먼이라는 미국 「뉴욕타임스」의 칼럼니스트가 쓴 책이다. 안철수는 평소 이 책을 수없이 읽으며 회사 경영에 대한 영감을 얻었다. 사람들을 만날 때마다 이 책 이야기를 자주 꺼내 그의 주위 사람들은 대부분 이 책을 갖고 있을 정도다. 그 책 역시 겉보기에는 깨끗하다. 책장을 넘기면 남게 마련인 손때도 전혀 찾을 수 없고, 표지도 새

책마냥 깔끔하게 보관돼 있다.

하지만 책장을 넘기면 진실이 보이기 시작한다. 서문을 넘기고 본문이 시작되면 새 책처럼 깨끗하게 보였던 본문에 밑줄이 그어지기 시작한다. 한 페이지씩 넘어갈 때마다 새까만 밑줄이 더 많이 눈에 들어온다. 밑줄 가운데 일부는 종이의 여백을 화살표로 가리키며 이어져 있었다. 여백에는 깨알 같은 글씨들이 잔뜩 박혀 있다. '천재는 악필'이란 말처럼 글씨를 읽어가기가 힘들다. 암호를 해독하듯 읽어내려가면 글씨는 몇 가지 얘기를 걸어온다.

"이 부분을 우리 회사에 적용하려면?", "이 부분은 당장 경영지원팀의 현실에 적용이 가능함."

안철수의 메모였다.

그는 책을 읽을 때 책장을 접지 않고, 깨끗한 손으로 조심조심 책장을 넘긴다. 자주 읽어 손때가 묻은 책도 있지만 그런 책은 미국에 들고 가거나 집에 보관해 뒀다. 사무실에 있는 책은 완벽하려고 노력했던 경영인 안철수의 모습을 그대로 드러내주고 있다.

_ 김상훈, 『컴퓨터 의사 안철수 네 꿈에 미쳐라』

회사 일과 공부를 병행하던 시절, 일과 공부의 양이 늘어가자 결국에는 잠자는 시간을 대폭 줄였던 것이 얼마나 고됐는지 천하의 안철수도 너무 힘들어서 죽고 싶다는 생각이 들곤 했다고 한다. 이틀에 하루 꼴로 밤을 새울 수밖에 없는 상황이 2년 정도 계속되고(1995년 9월부터 1997년 8월까지), 그 기간 동안엔 개인적인 휴식에는 전혀 시간을 투자하지 않았기에, 늘 몸과 마음이 바빴고 시간은 부족했다. 정말 치열한 시절이었다.

펜실베이니아 대학은 가을이 아름답다고 한다. 그러나 나는 지금도 캠퍼스의 단풍이 얼마나 아름다웠는지 기억나지 않는다. 내가 수업에 들어간 강의실 외의 학교 풍경도 선명하게 떠오르지 않는다. 당시 내 눈에 풍경이 들어오지 않았다는 것이 정확한 표현일 것 같은데, 학교 풍경이 제대로 눈에 들어온 것은 졸업할 무렵이 되어서였다. 대학원 공부를 마쳤을 때 나는 머리에 내재화된 경영학의 무게감을 느낄 겨를도 없이 그저 날아갈 것만 같았다. 마침내 지옥에서 벗어났다는 생각이 들었다.

_『CEO 안철수, 영혼이 있는 승부』

매달 한 번 이상 미국에서 한국으로 돌아와 업무처리를 해야 했으며, 미국에 있으면서도 아직 제대로 자리 잡지 못한 연구소 생각에 마음 편할 날이 없었던 그는 귀국한 지 얼마 지나지 않아 급성간염으로 병원에서 비로소 제대로(?) 한 번 쉬게 된다. 1995년 회사를 세운 뒤 2년 만의 휴식! 링거를 꽂고 병원 침대에서 환자복을 입고 누워서야 제대로 쉴 수 있었다니…… 그렇게 바쁜 가운데 지금까지 안철수가 쓴 책은 10여 권이 넘는다. 이처럼 미치도록 글을 쓰는 이유는 무엇 때문일까. 그가 틈틈이 글을 쓰는 이유는 다음과 같다.

첫째는 나 자신을 위해서다. 일을 하면서 경험하고 고민했던 부분들 그리고 책을 보면서 현실과의 접목을 통해 내 나름대로 깨달았던 부분들을 스스로 정리할 필요 때문이다. 이러한 부분들이 정리되지 않으면 머릿속이 점점 더 헝클어지고 새로운 것들을 배울 여력이 없다고 느낀다.

둘째 이유는 업계를 위해서다. 창업을 준비하는 사람들 또한 벤처기업 경영자들이 내가 했던 시행착오를 반복하지 않을 수 있다면, 내 경험과 생각을 기록으로 남기는 일은 충분히 가치 있는 일이 될 수 있으리라 생각한다. 또한 내가 속해 있는 정보통신 업계에 대한 내용을 대중에게 알림으로써 정보통신 업계와 일반 국민들 사이의 거리를 조금이라도 좁힐 수 있지 않을까 하는 바람도 있다.

세 번째 이유는 우리 모두를 위해서다. 내 나름대로 고민했던 내용들을 가능한 많은 사람들과 공유함으로써, 우리 사회가 조금이라도 더 좋은 방향으로 나아가는 데 보탬이 되었으면 하는 바람이다.

_『CEO 안철수, 지금 우리에게 필요한 것은』

"백신 V3를 우리에게 넘기시오. 인수 조건으로 1천만 달러를 지불하겠소."

1997년 6월 실리콘밸리의 매카피 본사를 방문한 그에게 빌 라슨 회장이 다짜고짜 내놓은 제안이었다. V3를 사들인 후, 그들 제품으로 한국 시장을 점령할 계획이었던 것. 연매출 20억 원 정도의 규모에다 적자마저 기록한 회사 입장에서 볼 때 엄청난 제안이었다. 하지만 '국내 소프트웨어 산업 보호와 직원들에 대한 책임감'이라는 안철수의 원칙에서는 도저히 받아들일 수 없는 것이었다.

당시 매카피는 바이러스 백신인 '스캔'이란 제품을 출시한 선도기업으로 일본의 유일한 백신 소프트웨어 회사인 '제이드'를 이미 사들인 상황이었는데, 그 결과 2011년 현재까지도 일본에는 백신 회사가 없다. 국가기관도 없었던 데다 민간업체 하나 있던 걸 매카피가 인수해 기반이 사라져버린 까닭이다. 안철수는 이에 대하여 최근에 "한국을 부러워하죠. 다행히 일본은 디도스 같은 사고가 난 적이 없지만, 그래서 더 두려워합니다. 디도스가 공격 방향을 일본으로 틀면 당하게 되거든요"(「한겨레신문」, 한홍구-서해성의 직설 '소셜 백신'을 찾아라, 2011년 3월 25일)라고 말한 바 있다.

'안철수연구소를 왜 만들었는가'라는 본질에 비추어 볼 때 그에게 포기할 수 없는 원칙이 있었던 것처럼, 많은 글을 쓰는 그에게는 글을 쓸 때 지켜야 할 원칙이 있다. 안철수는 다음과 같은 두

가지 원칙을 가지고 글을 쓴다. 원칙에 입각해 쓰는 글이기에 시간이 지나고 다시 봐도 여전히 변함없다. 10년 전, 20년 전 글임에도 지금도 여전히 한 점 부끄럼이 없는 그다운 글을 가능케 하는 소중한 글 쓰기의 원칙을 살펴보자.

첫째는 개인적인 이해타산이 포함되면 안 된다는 것이다. 나는 오래전부터 글을 써왔기 때문에 예전에 썼던 글을 다시 볼 때가 가끔 있다. 그리고 10년 전, 20년 전의 글을 읽으면서 지금도 한 점 부끄러움이 없음을 다행으로 생각하고 있다. 만약 그 당시 처해 있던 상황을 타개하고자 이해타산의 마음으로 글을 썼다면, 지금의 나는 떳떳할 수 없을 것이다. 따라서 거창한 표현이기는 하지만, 글은 '역사의식'을 가지고 써야 한다고 믿는다. 사람은 죽어도 글은 남기 때문이다.

둘째로 내 의견이 틀릴 수 있다는 생각을 항상 가지고 있다. '자기가 아는 만큼만 볼 수 있다'라는 말이 있듯이 내가 아는 범위 내에서 최선을 다해서 생각한 것일지라도 나보다 더 넓은 시야를 가진 사람의 지적과 충고에 항상 마음을 열어두고 있다. 나는 다양한 의견이 서로 존중되는 사회가 발전할 수 있다고 믿는 사람이다.

_『CEO 안철수, 지금 우리에게 필요한 것은』

관용과 중용을 배우다

어느 장소든 불문하고 안철수가 강조하는 것 가운데 꼭 들어가는 내용이 '열린 마음'이다. 열린 마음이란 '나는 옳고 너는 틀리다'는 흑백논리를 경계하는 마음이다. 많은 책을 보면서 세상에는 다양한 사람들의 다양한 삶이 있음을 깨닫게 되었다. 일정한 시간이 지나 다시 본 책에서 이전과 또 다른 느낌을 받게 되면서 저마다 받아들이는 방식과 내용이 제각각이란 것도 깨우치게 되었다. 그러자 상대방의 입장이 되어 생각하는 자세를 갖게 되었고 스스로 상대를 이해하는 마음을 갖고자 노력했다. 그러다 보니 내 생각이 정답이 아니라 다른 정답이 있을 수 있다는 열린 마음을 갖게 되었다.

제가 의과대학 대학원을 다닐 때의 일입니다. 제가 했던 일은 사람 몸에서 일어나는 전기적 현상에 대한 연구였습니다. 처음 대학원에 들어가 실험 준비를 하는데 실수로 장비에 손이 닿았습니다. 그러자 전기를 기록하는 장치에서 갑자기 커다랗고 이상한 신호가 나타났습니다. 저는 첫 실험부터 큰 발견을 한 줄 알고 한걸음에 실험실 선배에게 뛰어갔습니다. 저는 들뜬 목소리로 말했지요. "선배, 장치에 손을 대었더니 굉장한 신호가 잡혀요!" 선배는 처음에는 어리둥절하다가 조금 후 경멸 어린 표정으로 바뀌며 말했습니다. "야, 그건 상식이다, 상식!" 그러고는 다시 쳐다보지도 않았고 한마디 설명도 없었습니다.

저는 영문도 모른 채 무안하고 화가 났습니다. 그래서 책을 찾아보며 전기에 대해 공부하기 시작했지요. 몇 달이 지나서 깨달았습니다. 그 건 정말 상식이었던 겁니다. 사람 몸에는 정전기를 비롯해서 아주 미 세한 전기들이 흐르고 전기적 잡음들이 있기 때문에, 전극에 직접 손 을 대면 이상한 신호가 나타날 수밖에 없습니다. 이렇게 상식적인 것 도 모르고 큰 발견을 한 줄 알고 뛰어갔던 제가 너무나 부끄러웠습니 다. 정말 과거를 돌이킬 수만 있다면 어떤 대가를 치르고서라도 없던 일로 하고 싶은 심정이었습니다. 그러나 동시에 상식이라고 핀잔만 주고 무시를 한 선배의 경멸 어린 표정, 그리고 그때의 마음의 상처가 지금도 남아있습니다. 제가 틀렸다는 것을 안 다음에도 그 상처는 사 라지지 않는 겁니다.

_「사회에 첫발을 내딛는 졸업생을 위한 글」, 2008년 5월 29일

남을 이해하려는 그의 열린 마음은 영화에 대한 평가에서도 그 대로 드러난다. 이때의 기억을 '커뮤니케이션 능력을 길러라'라는 주제로 다음과 같이 언급하고 있다.

미국에서 3년 동안 MBA 공부를 하는 동안에는 영화 볼 시간이 거의 없었다. 한국에 돌아와서 처음 봤던 영화가 『웰컴투 동막골』이다. 어떤 내용인지도 모르고 800만 명이나 봤다고 하니까 호기심이 발동해서 본 영화다. 공산군, 국군, 미군 패잔병들이 동막골이라는 산골 마을에 모여서 우여곡절 끝에 친구가 됐는데, 미군이 이 마을을 기습하려고 하자 오히려 거기에 맞서 싸운다는, 줄거리만 놓고 보면 처음에는 약간 당황스럽기까지 했다. 그러나 영화는 시대의 흐름과 대중의 생각들을 반영한다는 점을 고려해 보면 이해가 가능하다. … 이제 21세기는 탈권위주의 사회이고, 그 어떤 이데올로기보다도 개인의 가치가 훨씬 더 소중한 사회다. 그런 맥락에서 생각해 보면 『웰컴투 동막골』이라는 영화의 스토리도 충분히 납득할 수 있고, 정말 많은 사람들이 공감한 것들이 이해가 되었다. 리더십도 이런 관점에서 접근해야 한다. 예전의 리더십이 카리스마가 있는 리더가 지위와 권한을 가지고 발휘하는 리더십이었다면, 현대의 리더십은 대중이 스스로 판단하여 자신이 따라갈 만한 사람에게 부여하는 것이 리더십의 요체이다.

_「EBS CEO 특강」 제작팀, 『EBS CEO 특강』, 안철수 편

토머스 칼라일(Thomas Carlyle)은 영국의 평론가 겸 역사가로, 이상주의적인 사회 개혁을 제창하여 19세기 사상계에 큰 영향을 끼친 세 권으로 된 『프랑스 혁명사』를 두 번씩이나 쓴 일로 잘 알려져 있다. 존 스튜어트 밀에게 초고를 빌려주었다가 그의 하녀가

불쏘시개로 태우는 바람에 다시 쓸 수밖에 없었다는 이야기는 유명하다. 세 권씩이나 되는 분량의 책이라면 저술기간만도 몇 년은 족히 걸렸을 것이다. 바로 그 원고를 두 번이나 새로 쓰는 과정은 이루 말할 수 없이 괴로웠을 것이다. 그럼에도 불구하고 칼라일은 힘들고 괴로운 마음을 가라앉히고 『프랑스 혁명사』를 다시 완성하였다.

2009년에 우리 곁을 떠난 서강대 장영희 교수. 유학생 신분으로 뉴욕 주립대를 6년째 다니던 1984년 「물리적 세계와 개념 사이의 자아 여행」이란 논문을 완성하고 잠시 짬을 내 로스앤젤레스에 살고 있는 언니를 병문안 차 방문하던 중, 학위 논문을 넣어둔 트렁크를 통째로 도난당했다. 요즘과 같은 컴퓨터 파일이 아니라 전동 타이프로 힘들게 만든 그 논문은 몸도 자유롭지 못한 그녀가 힘들게 유학생활 6년을 보낸 삶의 전부라 해도 부족하지 않을 소중한 것이었다. 그런데 바로 그 논문을 잃어버린 것이다.

> 내 논문, 내 논문……, 나는 그 자리에서 기절했다. 그 무거운 책가방을 메고, 목발을 짚고 눈비를 맞으며 힘겹게 도서관에 다니던 일, 엉덩이에 종기가 날 정도로 꼼짝 않고 책을 읽으며 지새웠던 밤들이 너무나 허무해 죽고 싶었다.
>
> _ 장영희, 『살아온 기적 살아갈 기적』

안철수가 책을 태워먹거나 도난당한 경험이 있는 건 아니지만, 그래서 나락에까지 떨어져본 경험은 없었지만, 그는 책을 한 번 더 쓰는 것 이상으로 여러 가지 삶의 출발선에 서 보았다. 의과대학에 들어가 6년 동안 많은 고생을 했고, 석사 박사 학위 받고 군의관 갔다 오느라 그에 못지않은 시간을 보냈다. 그런가 하면 새벽 일찍 일어나 컴퓨터 백신에 매달린 시간이 10년 이상이었다. 그런 그가 이제는 의사도 프로그램 개발자도 아닌 교육자의 길을 가고 있다. 지금의 그 자리에 도달하기까지 칼라일과 장영희가 좌절을 딛고 책을 다시 쓴 것 못지않게, 언제나 새롭게 맨 바닥에서 다시 시작했던 안철수. 남들이 안정을 찾아갈 나이에 그는 더 늦기 전에 해야 한다며 공부를 다시 시작했다. 그런가 하면 편안하고 안전한 쪽으로 선택할 수 있었음에도 불구하고 원칙과 사명감으로 힘들고 괴로운 길을 걸었다. 어떠한 상황에서도 치열하게 열심히 살아왔던 안철수이기에 다시 되돌아본 그의 삶은 아름답게 빛난다.

의과대학 시절의 지식은 지금의 나에게는 아무런 도움을 주지 못한다. 그러나 의과대학 시절에 몸에 밴, 열심히 살아가는 태도와 끊임없이 공부하는 습관은 지식보다 훨씬 값진 것이 되었다. 또한 주말마

그들은 어떻게 읽었을까

다 구로동에 가서 봉사 진료를 하고 방학 때면 무의촌을 다니면서 환자들을 돌보던 소중한 경험은 함께 살아가는 사회에서 구성원들의 역할에 대해 많은 것을 생각하게 해주었다. 깜깜한 새벽 3시면 일어나서 모포와 커피로 한기를 쫓으며 정신없이 백신프로그램을 만들었던 시간들은 매 순간을 열심히 그리고 열정적으로 살아가도록 만들어주었다. … 얼핏 보면 인생을 허비하는 것 같은 군대 시절조차 열심히 살았던 생활 태도, 긍정적인 사고방식, 고생했던 기억과 보람은 지금까지도 고스란히 내 몸속에 남아 있다. … 삶을 살아가면서 중요한 것은 '무엇을 했느냐'가 아니라 '어떻게 살았느냐'인 것 같다. 지난 시간이 현재 살아가는 데 얼마나 도움이 되는 인생을 살았느냐가 중요한 것은 아니다. 설사 지금의 모습과 아무런 상관없는 일을 했더라도 얼마나 치열하게 열심히 살았느냐가 더 중요한 것 같다. 그래서 나는 생각한다. 어떤 일을 하든지 열심히 사는 것 자체가 그 사람을 만들어가는 것이라고. 그 치열함은 결국 그 사람의 피 속에 녹아들어 가고 그 사람의 몸속을 흐르게 되는 것이라고. 열심히 산다는 것의 의미는 그런 것이 아닐까?

_ 김동광 외, 『9인 9색 청소년에게 말걸기』, 안철수 편

안철수의 대표작

『CEO 안철수, 영혼이 있는 승부』, 김영사, 2001년
『CEO 안철수, 지금 우리에게 필요한 것은』, 김영사, 2004년
『행복 바이러스 안철수』, 리젬, 2009년

2

안상헌
생산적 책 읽기로 앞서가라

안상헌

책 읽기를 통해 세상을 살피고 현명하게 살아가는 방법을 연구하는 독서와 자기계발의 전문가다. 넓고 깊은 독서와 일의 현장에서 깨달은 것들을 바탕으로 사람들의 변화를 돕는 책을 쓰고 강의하는 것을 숙명으로 여기며 활동하고 있다. '인간은 자신을 뛰어넘어야 할 무엇이다'라는 니체의 말을 가슴에 품고 항상 책을 옆에 끼고 공부하는 자세로 살아가는 그는 지금의 자신을 뛰어넘어 새로운 자기를 만들기 위해 노력 중이다. 현재 Meaning독서경영연구소 소장으로 재직 중이며 기업체와 행정기관 등에서 자기변화와 혁신, 리더십, 고객만족 등에 관한 강의와 여러 매체에 왕성한 기고 활동을 펼치고 있다.

안상헌이란 인물을 주목하게 된 것은 2007년 말이었다. 그해 12월에 발간된『이기적인 직장인』, 좀 더 정확히 말하면 '진정한 프로를 꿈꾸는 이기적인 직장인'이란 제목의 책을 접하게 되면서부터다. 부끄러운 이야기지만『이기적인 직장인』이라는 다소 도발적인 책을 통해 처음으로 접한 그 당시에 안상헌은 이미『책력』『자극』『생산적 책 읽기 50』『생산적 삶을 위한 자기발전노트 50』『내 인생을 만들어준 명언노트』『Change 나는 왜 변화하지 못하는가?』등 자기계발 분야에서 여러 권의 베스트셀러를 출간한 유명 작가였다.

『이기적인 직장인』은 읽고 난 느낌이 남달랐기에, 이런 글을 쓴 작가의 책을 그제서야 만난 게 내심 억울했다. 하지만 어쩌겠는가. 뒤늦었지만 부지런히 그가 내놓은 책들을 읽으면서 그를 따라잡을 수밖에. 작가 장정일도 말하지 않았던가. '내가 읽지 않은 책은 이 세상에 없는 책'이라고 말이다. 예를 들어 안상헌의『자극』은 내가 읽어보지 못했으므로 이 세상에 존재하지 않는다. 그것이 존재하기 위해서는 안상헌도 다른 누구도 아닌 바로 내가 그 책을 읽어야 한다. 그런 면에서 본다면 무엇보다 직접 책을 읽는다는 것은 정말로 중요한 행위다. 한 권의 낯선 책을 읽는 행위는 한 권의 새로운 책을 쓰는 일에 견줄 만한 일이다. 이런 독서 과정을 통해 우리는 우리가 읽은 책들의 저자만큼은 아니더라도 그에 버금

가는 수준에 이를 수 있기 때문이다.

『이기적 직장인』은 글머리부터 남달랐다. '진정한 프로를 꿈꾸는 이기적인 직장인'이라는 제목의 글에는 '충성'의 시대가 가고 '충실'의 시대가 왔다며 자신은 물론 조직을 위해서도 이기적이 돼라는 다소 의외의 글, 하지만 절대적으로 수긍이 가는 내용이 실려 있었다.

> '충성'의 시대가 가고 '충실'의 시대가 온 것이다. 충성은 조직과 같은 외부의 어떤 대상을 전제로 한다. 반면 충실은 자기 자신의 내부로 향하는 어떤 것이다. 자신의 내부를 충실히 채워낼 때 충성도 의미 있다. 자기만의 분야에서 자기만의 기술과 능력을 보유한 사람을 프로페셔널이라고 부른다. 그들의 대부분은 조직생활을 통해서 단련되었고 그 과정에서 자신만의 분야를 개발하고 투자하는 노력을 아끼지 않았다. 그러면서 조직생활을 통해 배운 것을 오롯이 자신의 것으로 만들었다. 조직의 입장에서는 이기적인 모습으로 비칠지도 모른다. 하지만 개인의 입장에서 보면 그만큼 생산적인 것도 없다. 그리고 결국 조직의 생산성에 기여하고 80퍼센트의 실적을 내는 것도 그들이다. 이기적인 직장인으로 일한다는 것은 조직에 해가 되기보다는 오히려 회사와 자신의 성장에 플러스 요인이 된다.
>
> _『이기적인 직장인』

그들은 어떻게 읽었을까

책의 서문을 뒤로하고 몇 쪽 지나지 않아 바로 이어진 '실패가 반복되는 이유'라는 부분. 저자인 그가 직접 만든 얘기건 혹은 들은 얘기건 간에 문제 상황에 대해 늘 똑같이 대응하는 대다수 직장인들, 하지만 정작 본인은 그런 줄도 모르는 사람들에게 경종을 울리는 부분에선 제대로 한 대 얻어맞은 기분이었다.

늦깎이 후배의 결혼식에서 오래전에 연락이 끊겼던 선배를 만났다. 대학 생활 동안 후배들에게 모범이 되었던 선배였는데 무슨 이유에선지 연락이 끊어졌다가 다시 만난 것이었다. 돌아오는 길에 두 명의 후배와 같은 차를 탔다. 차를 타고 오는 동안 나이 차이가 10년 이상 나는 후배들의 이야기는 일이 잘 풀리지 않는다는 주제로 이어졌다. 계속 듣고 있던 선배가 이런 말을 했다.

"자기 인생에서 똑같은 일들이 반복되는 이유가 뭘까? 아니, 이유는 그렇다 치고 똑같은 일에 똑같이 반응하면 어떤 결과가 일어날까?"

"똑같은 결과가 나오겠죠." 후배들 중 하나가 대답했다.

"그래. 너희는 지금 그걸 하고 있는 거야. 똑같은 일에 똑같이 반응하는 것. 너희들 말을 들어보니까 상황만 조금씩 달랐지 문제에 대응하는 방법은 모두 똑같은 것 같아. 그러니 실패가 반복되지. 문제 상황에 대응하는 방법을 바꾸지 못하면 실패는 당연한 거야."

_『이기적인 직장인』

그렇게, 나는 『이기적인 직장인』은 물론 안상헌이라는 작가에게 깊이 빠져들었던 게 아닌가 생각한다. 듣도 보도 못한 그였지만, 글 하나는 정말 잘 쓴다 싶었다. 그러고는 차츰 안상헌이란 사람에 대해서 궁금해지기 시작했다. 과연 이런 글을 쓰는 이 사람은 도대체 어떤 사람일까.

뒤늦게 재능을 깨닫다

안상헌은 국민연금관리공단 CS컨설턴트로 활동 중인 직장인이다. 퇴근 이후에는 환경청, 노동부, 보훈처 등의 정부기관은 물론 대학교, 은행, 공기업, 사회복지기관 등에서 변화관리, 리더십, 서비스에 관한 교육을 하는 강사로 활동하고 있다. 게다가 최근엔 1년에 두세 권의 책을 내고 있으니 족히 두 사람 이상의 일을 해내고 있는 셈이다. 왕성한 활동력의 원천을 무엇일까. 그리고 그는 왜 이토록 치열하게 살아가는 것일까?

그는 대학 때부터 읽어온 책이 3천여 권 정도 된다고 한다. 그런가 하면 습작노트가 여러 권인 걸 봐서는 글 쓰기에 대한 욕심도 없지 않았던 것 같다. 하지만 정작 본인은 자신이 책 읽기를 좋아하는지 또는 글에 남다른 재주가 있는지를 제대로 인식하지 못했다.

　역사소설부터 무협지까지, 문학에서 인문학 서적까지 종횡무진 분야와 종류를 가리지 않고 닥치는 대로 읽을 수 있었던 대학 시절에 비로소 책 읽기가 자신의 취미임을 깨닫게 되었으며, 글 쓰기에 대한 남다른 능력은 이보다 훨씬 늦어 사회에 나가 직장인이 된 이후에 깨닫게 된다.

　학창시절 직접 쓴 시들을 후배에게 보여주었더니 후배가 이런 말을 했다.
　"형, 어디서 그렇게 좋은 아이디어들을 구해요? 비슷하게 생활하는 것 같은데 생각이 완전히 다르네요. 형은 글 쓰는 데 소질이 있는가 봐요."
　기분은 좋았지만 나에게 특별히 소질이 있다는 것을 나는 믿지 않았다. 그래서 이렇게 말했다.
　"에이~ 소질은 무슨 소질이야. 그냥 취미생활이지. 글 쓰는 데 날고 기는 사람들이 얼마나 많은데. 나는 명함도 못 내밀어."

_『이기적인 직장인』

　성장과정을 거치면서 문학에 뜻을 품고 작가가 되고자 희망해 보는 사람이 어디 한둘이랴. 안상헌이 "날고 기는 사람들이 얼마나 많은데, 나는 명함도 못 내밀어!"라고 말했던 것은 그리 과장된 표현은 아니었을 것이다. 하지만 후배의 얘기를 계기로 그동안 잊고 지냈던 젊은 날의 꿈을 다시금 떠올릴 수 있었다. 드디어 자신이 책을 좋아하고 글 쓰기를 즐겨한다는 점에 집중했고 구체적으로 책을 만들어보리라는 결심을 하게 된 것이다.

물론 앞으로 나올 자신의 책에 대해 다른 사람들의 반응은 어떨지, 인정이나 받을 수 있는지 그리고 과연 제대로 할 수는 있을지 이내 수많은 두려움이 작업 과정 내내 그를 엄습했다. 하지만 그때마다 불현듯 떠오르는 희망이 작은 용기가 되어 그의 하루하루를 버티게 해주었다. 안상헌은 책과 글 쓰기에 집중할 수 있도록 연관된 일에 자원했다. 그러는 동안 열심히 책을 읽으며 글 쓰는 일도 병행해 나갔다. 그렇게 제법 오랜 시간이 지나자 책 한 권 분량의 글이 모아졌다. 당초 걱정했던 것과 달리 글 쓰기가 생각보다 어렵지는 않았으며, 한 편 한 편 글이 늘어갈 때마다 이를 보는 즐거움도 더해만 갔다. 시작한 지 4개월 만에 어렵지 않게 책 한 권을 쓸 수 있었다.

"완전히 자기 자신을 쏟아붓는 순간
신의 뜻도 함께 움직인다.
당신이 미처 생각하지도 못한 일들이 일어나서 당신을 도울 것이다.

그러나 몰입하지 않으면 결코 그런 일은 일어나지 않을 것이다.

모든 일은 결심으로부터 시작하며,

예기치 못한 사건, 만남

그리고 물질적인 도움이 생겨

당신을 음으로 양으로 도와준다.

그 누구도 꿈꿔보지 못한 일이 일어나게 된다.

당신이 할 수 있고 꿈꿀 수 있는 것이 어떤 것이든

당신은 그것을 시작할 수 있다.

대담함 속에는 천재성이 있으며,

힘이 있고 마법이 있다.

지금 당장 시작하라."

_ 괴테

　

의외의 결과였지만 본인도 믿기지 않을 정도로 빨리 책 한 권을 쓴 안상헌. 그의 나이 이제 막 서른을 넘긴 그 시점에 그동안 공들였던 원고를 출판사로 보냈다. 자기변화에 관한 그의 첫 번째 작품이었다. 그러나 출판사로부터는 아무런 연락이 없었다. 퇴짜를 맞은 것이다. 대학 시절 습작노트를 몇 권씩 써가며 모은 글로 시집을 내겠다며 출판사로 원고를 한번 보낸 적은 있었지만, 그때와는 느낌부터가 달랐다. 그로부터 수년이 흐른 뒤에 드디어 그의 이름으로 된 첫 번째 책을 내게 되었다. 대학 때 잠시 작가의 꿈을 꿨던 것부터 따진다면 무려 15년이나 걸린 대장정이었던 것이다.

사람은 자신이 1년 동안 할 수 있는 일은 과대평가하고, 10년 동안 할 수 있는 일은 과소평가하는 습성이 있다고 한다. 이 말은 사람들의 시각이 단기적이어서 1년 안에 모든 것을 끝내려고 하다가 일을 그르치는 경우가 많다는 교훈을 남겨준다. 반면 자신의 삶을 성공적으로 살아가는 사람들은 10년 동안 할 수 있는 일을 제대로 평가하고 준비한다. 이를 토대로 그들은 하루를 완전히 다르게 살아간다. 그런 사실을 인지한 후부터 나는 하루 중에서 최소한 두세 시간 만큼은 자신의 것으로 만들기 위해 적절히 일과를 조정했다. 특히 새벽 시간과 출퇴근 시간을 완벽하게 이용했다. 그 결과 수많은 책을 읽을 수 있었고 여러 권의 책도 쓸 수 있었으며 강의 자료도 폭넓어졌다. 모두 하루의 두세 시간을 수년 동안 계속해서 활용해 온 결과였다.

_『이기적인 직장인』

하루 20분의 독서

요즘 그는 1년에 두 권 정도의 책을 내놓고 있다. 15년이나 걸렸던 그의 첫 번째 책에 비하면 실로 비약적인 발전이 아닐 수 없다.

『Change 나는 왜 변화하지 못하는가?』『자신감』과 같은 직접적인 표현을 제목으로 달았던 초기 저술과 달리 최근에는『경영학보다는 소설에서 배워라』『이건희의 서재』등 복합적이고 입체적인 제목의 책들을 내놓고 있다. 제목으로만 봐도 그의 에너지가 점점 고갈되기는커녕 날로 끓어 넘치고 있음을 알 수 있다. 그의 끊이지 않는 에너지의 원천은 어디에 있는 것일까?

그의 하루 일과는 천재지변이 일어나거나 특별한 날이 아니라면 정해진 대로 진행된다. 안상헌은 이러한 일상의 원칙을 유지하기 위해 기를 쓰고 노력한다고 한다. 한편으론 사소해 보이지만 이러한 하찮은 것들이 모이고 모여 만들어지는 거대한 '일상의 힘'을 믿기 때문이다. 습관의 누적이 결국에는 막강한 힘이 되고 삶의 질적인 변화를 만들어낸다는 믿음엔 변함이 없다.

- 아침 시간 20분은 무조건 책을 읽는다.
- 하루에 메일 하나를 보낸다.
- 하루에 한 번은 산책을 하거나 하늘을 본다.
- 하루에 글 하나를 쓴다.

아침 독서는 그에게 엄청난 힘을 준다. 그는 이 짧은 시간의 독서를 통해 하루를 어떻게 살아야 할지 계획하고 삶의 목적의식을 일깨우고 행동의 에너지를 얻는다고 한다. 이메이션의 이장우 사장도 독서를 가장 중요한 시간에 해야 한다고 주장한 바 있다. 자투리 시간이 나쁜 건 아니지만, 정신을 최고조로 집중할 수 있는 시간에 독서를 배정하는 이유는 독서가 가장 중요한 일이기 때문이라는 것이다.

하루 20분씩이라는 짧은 시간도 매일같이 반복되면 그 결과는 상당하다. 매일같이 20분씩 독서한다면 1년 365일 동안 122시간이나 되는 양이다. 하루 여덟 시간씩 활동한다고 치면 15일이 훨씬 넘는 시간이며, 책 한 권 읽는 시간을 네 시간으로 치면 1년에 30권의 책을 읽을 수 있다는 계산이 나온다. 2009년 한국의 성인 독서율은 71.7퍼센트로 이는 1994년 이래 최저치를 보인 것이다. 독서율이란 1년에 책을 한 권 이상 읽는 인구 비율인데, 우리나라 성인 열 명 중 세 명은 1년 동안 책을 단 한 권도 읽지 않는다는 것을 뜻한다. 그런 상황에서 아침 20분의 독서로 1년에 30권을 읽을 수 있다면 이는 실로 대단한 것이 아닐까.

취업포털 사이트 잡코리아가 남녀 직장인 1,144명을 대상으로 '직장인이 꼭 해야 할 것'이라는 주제의 설문조사를 했다. 조사 결과 '10년 후 계획 세우기'가 71.8퍼센트로 1위에 올라 눈길을 끌었다. 2위는 58퍼센트를 차지한 '취미생활 갖기'였으며, '새로운 것에 도전하기'(50.6퍼센트), '외국어 공부하기'(50.2퍼센트)가 그 뒤를 이었다. 독서와 관련해 '매일 아침 신문 읽기'(28.7퍼센트)와 '1년 안에 책 100권 이상 읽기'(26.7퍼센트)도 눈길을 끌었다. 그렇다면 대다수 직장인들이 하고 싶은 것을 제대로 하지 못하고 사는 이유는 무엇일까? 그 이유로는 '알고는 있지만 실천하기 힘들어서'가 가장 많았고 이어서 '시간이 없어서'와 '바쁜 업무로 정신이 없어서' 등 한마디로 시간이 없다는 답변들이 많았다.

안상헌식 독서법

그는 철저히 혼자 있는 시간을 즐기는 사람이다. 밥도 혼자 먹을 때가 많고 출장도 그렇고 산책도 혼자서 즐긴다. 그가 홀로 움직이는 이유는 그의 책, 강의 아이템, 기타 창의적 아이디어 등의 대부분이 혼자 있는 시간에 만들어지기 때문이다.

위대한 사람은 단번에 높은 곳으로 뛰어오른 것이 아니다. 모두가 잠든 한밤중에 홀로 일어나는 괴로움을 이겨내며 자신의 일에 몰두했던 결과다. 그렇게 볼 때 '인생이란 자고 쉬는 데 있는 것이 아니라 한 걸음 한 걸음씩 걸어가는 속에 있다'는 로버트 브라우닝의 말은 정말 맞는 말이다. 안상헌은 하루 중에서 최소한 두세 시간 만큼은 온전히 자신만을 위해 사용할 수 있도록 적절히 일과를 조정했다. 하지만 직장인이 매일같이 하루 두세 시간을 확보하기가 어디 그리 쉬운가. 결국 그는 새벽 시간과 출퇴근 시간을 활용해 수많은 책을 읽어나갔다. 그 시간을 이용해 여러 권의 책을 쓸 수 있었다. 매일 하루 두세 시간씩 수년 동안 계속해서 노력한 결과였다.

> 실제로 나는 1년에 책 두 권을 쓴다. 회사도 다니고 강의도 하고 교육 프로그램도 만들고 남들보다 훨씬 많은 책도 읽는다. 보통의 상식으로는 당연히 늘 시간에 쫓기고 바빠야 할 것 같다. 하지만 아내는 내가 놀고먹는 줄 안다. 다들 잠든 새벽 시간 외에는 집에서 일을 거의 하지 않기 때문이다.
>
> _『이기적인 직장인』

안상헌이 자기변화와 자기경영이란 분야에 뛰어들면서 제일 먼저 눈여겨봐두었던 사람들은 구본형과 공병호였다. 오랜 직장생활을 버리고 스스로 자기변화를 주도하겠다며 직장을 박차고 나온 구본형과, 저작활동은 물론 자기경영이라는 분야에서 활발하게 활동하고 있는 공병호. 이들 두 사람은 안상헌의 역할모델로 제격이었다. 이들의 존재는 그 스스로를 끊임없이 담금질하고 채

찍질하도록 하는 한편, 좋아하는 일을 하면서 즐겁게 살아갈 수 있겠다 싶은, 또 다른 삶의 제대로 된 본보기였다.

나는 자기변화와 자기경영이라는 분야에 뛰어들면서 스스로 역할모델을 정했다. 바로 변화경영전문가 구본형 소장이다. 그는 오랜 직장생활을 떨치고 스스로 자기변화를 주도하겠다며 사표를 던지고 나와 강의와 저서를 통해 새로운 인생을 개척했다. 그런 면에서 구본형 소장은 나의 역할모델이 되기에 충분했다. 또한 다양한 저서를 통해 활동이 알려져 있기에 연구 자료도 충분했다. 덕분에 나는 아직도 방향을 잃지 않고 자기변화와 경영에 관한 꿈을 꾸고 앞으로 나아가고 있다. 나의 또 다른 역할모델은 공병호 박사다. 그는 저작활동도 활발하며 자기경영이라는 분야에서 앞서 나가는 국내의 대표적인 전문가다. 이렇게 나는 역할을 정해두고 내 분야에서 한시라도 눈을 떼지 않았다.

_『이기적인 직장인』

자신을 성장시키는 일이 어찌 하루 이틀 사이에 가능하겠는가. 그런가 하면 자신을 발전시키는 일이 한두 달 사이에 이뤄질 리도 없다. 이러한 것들은 진정 오랜 기간 꾸준히 해나가야 하는 것이 일반적이며, 어떤 경우에는 평생을 바쳐야 하는 수도 있다. 그럼에도 불구하고 무엇을 배우든 조금은 덜 힘들게 나아가는 방법이 있다. 어느 분야에나 존재하는 핵심을 배우는 것이다. 만일 그 핵심이 무엇인지 미리 알 수 있다면 '배우기'란 훨씬 쉬워질 것이다. 안상헌이 핵심을 파악하고 배우는 방법은 다음과 같다. 그는 이런 식으로 자기변화와 자기경영이란 낯선 분야에 뛰어들었다.

- 자신의 역할모델을 정해서 답을 구한다.
- 다른 분야의 성공사례를 연구한다.
- 주변 사람들에게 자문하고 다양한 피드백을 받는다.
- 자신에게 필요한 학습행동을 계속해 나간다.

먼저, 자기만의 관심 분야, 핵심 학습 분야를 정해야 한다. 이 대목에선 어떤 분야에 집중할 것인지 어떤 분야로의 심화학습이 필요한지를 스스로 깨달아야 한다. 분야가 정해지고 나면 다음으로 해야 할 것은 그 분야에서 이름난 저자들의 책들을 조사하고 도서 리스트를 작성하는 것이다. 너무 많으면 부담스럽고 혼란스럽기 때문에 권수를 제한하는 것이 좋다. 안상헌의 학습법을 살펴보자.

1. 소문난 저서들 중 열 권 정도를 제한하여 선별한다. 기본서라 해도 수준 차이가 있을 수 있으므로 자신에 맞는 책을 골라 읽는다. 처음에는 완전 이해보다는 주요 내용과 쟁점을 파악하되, 간략하게라도 노트 정리 및 책

의 해당 부분에 표기하는 것이 좋다. 이런 방법으로 기본서들을 읽고 나면 대강의 흐름을 알 수 있다.

2. 다음 단계는 이 책들을 다시 정독하는 것이다.

3. 마음에 와닿는 저자들을 만나게 되면 그 사람들의 책을 전부 읽어보는 것이 다음 단계다. 좋아하는 사람의 책을 읽는 것이니 이해도 빠르고 쉬 지치지도 않는다. 아울러 핵심적인 내용은 외우는 것이 좋다. 외우지 않으면 생각이 깊어지기 어렵기 때문이다. 창의성도 알고 보면 기본적인 바탕이 필요하므로 외워야 한다.

4. 책을 통해 또 다른 책을 발견하는 단계다. 책에서 소개하는 다른 책을 찾아 읽음으로써 전체적인 맥락을 한눈에 꿰차는 경험을 맛볼 수 있다. 이러한 맥락의 이해는 사고를 심화시키는 데 필수적이다.

5. 독서 분야를 다시 새로운 분야로 확장한다. 독서 분야를 확장시키는 과정이 계속되면 될수록 체계적 지식은 한층 더 견고해진다. 마침내 자신에게 필요한 지식을 갖춘 전문가가 탄생하게 되는 것이다.

타고난 재주만으로는 최고가 될 수 없다. 아무리 재주가 훌륭해도 훈련하지 않으면 발전할 수 없다. 재주는 하늘이 주되 그것을 갈고닦는 것은 사람의 몫이다. 자신의 몫을 다하지 않고는 절대 최고가 될 수 없다. 필요한 행동을 위한 진도표를 만들고 하루의 시간을 이용해 앞으로 나아가야 한다. 그것도 최고의 노력을 쏟아부으면서.

나는 독서광으로 불린다. 독서라는 분야에서 최고가 되기 위해서는 많이 읽어야 한다. 그러자면 남다른 노력이 필요하다. 다른 사람이 잠든 시간과 일상에서 흘려버리는 시간을 적절히 활용해야 하고, 항상 손에는 책이 들려 있어야 한다. 그런 노력이 없이 독서광이 될 수는 없는 노릇이다. 소크라테스의 말처럼 "제정신이라면 어떻게 시인이라 할 수 있는가? 영감을 얻고 미쳐야 시인이 탄생한다."

_ 『이기적인 직장인』

생산적 책 읽기의 기본은 '하루를 책임지고 하루를 점령하기'다. 일어나는 시간부터 하루의 일과를 처리하는 방식의 선택에 이르기까지 자신의 하루를 온전히 자신의 책임 하에 두는 것, 일상의 모든 시간을 자기중심으로 회복하는 것. 그래서 다른 사람이나 다른 일로부터 휘둘리지 않는 것이 생산적 책 읽기를 위한 첫 번째 핵심이다.

하루를 책임질 수 없는 사람은 자기 삶 전체를 책임질 수 없다. 하루를 점령해 본 사람이 한 달을 점령할 수 있고 자신의 삶도 가져갈 수 있다. … 어차피 우리 삶이란 하루에서 시작되고 하루로 끝난다. 온전히 내 것인 하루, 그것이면 충분하다.

_『자신감』

다음은 '1분 동안 책 읽어보기'다. 안상현은 버스나 지하철에서는 물론, 화장실에서도 꼭 책을 읽는다. 아주 하찮아 보이는 이런 순간 순간이 모여 큰 성과로 이어진다는 것을 알고 있기 때문이다. 점심식사 후 흐지부지 시간을 보내는 것이 아니라 일부러 짬을 내 책을 읽고, 심지어 걸어가면서까지 책을 읽는 덕분에 직장인인 그는 일주일에 두 권 이상의 책을 읽고 있다. 1년이면 100권이 넘는 분량이다. 이런 노하우를 정리해서 생산적으로 책을 읽는 방법에 대한 책을 내기도 했다.

1분이 아주 짧은 시간이라고 무시해서는 안 된다. 1분을 무시하면 10분도 무시하게 되고 결국 하루하루를 무시하게 될 것이다. 오늘은 좀 느슨하게 쉬면서 지내자는 생각은, 자기 인생 전체를 느슨하게 대충대충 지내자는 생각으로 곧잘 연결된다. 이것이 1분 1초를 대수롭지 않게 대하는 태도가 가져오는 무서운 점이다.

_『생산적인 삶을 위한 자기발전노트 50』

세 번째는 '하나에 집중하기'다. 현재 읽고 있는 책에 집중하고, 지금 보고 있는 페이지에 온 정신을 모으는 것이다. 두꺼운 분량의 책일수록 읽기도 전에 그 무게와 두께에 지레 겁을 먹는 경우가 흔히들 있을 것이다. 아이들에게 가장 피해야 할 선물 중 하나가 '전집류'의 책을 사주는 것이라는 말이 있다. 엄천낭 전집의 규모에 눌려 아이가 책 읽는 재미에 빠지기도 전에 지레 진절머리를 치게 되기 때문이라는 것인데, 이는 아이에게 국한된 얘기만은 아닌 듯싶다. 하지만 천리 길도 한 걸음부터라 하지 않았던가. 지금 보고 있는 페이지를 하나씩 하나씩 넘기다 보면 결국 끝을 맺게 되는 것이 책이다. 더구나 한 쪽 한 쪽에 몰입하다 보면 언젠가는 남은 페이지가 얼마 되지 않아 그것이 못내 아쉬워지는 그런 놀라운 경험을 하게 되는 순간이 오고야 만다. 언제나 다 읽을까 고민하거나 미리 겁먹지 말자. 대신 지금 읽고 있는 단어 하나, 문장 한 줄에 집중하기만 하면 된다. 그게 바로 핵심이다.

> 책을 다 읽을 수 있을지 없을지는 중요하지 않다. 그냥 지금 읽는 것에 집중하면 된다. 그러면 다 읽게 될 것이다. 하지만 다 읽지 못한들 어떤가? 한 줄을 제대로 읽었으면 그만한 가치는 얻어낸 셈이다. 그것이면 된다.
>
> _『경영학보다는 소설에서 배워라』

네 번째는 '작은 성공 경험하기'다. 고기도 먹어본 사람이 먹는다고 하던가. 책도 읽어본 사람이 다시 찾는 법이다. 그런 의미에서 지난 몇 달 동안 책을 한 권도 읽어 본 적이 없는 사람이라면 '일단 아무 책이나 잡아보는 것'이 좋다. 한 달에 한 권을 목표로 하는 사람이라면 가능한 빨리 한 달 안에 '다 본 책' 한 권을 손에 쥐어봐야 그 기분을 알게 된다. 책만 보면 졸리기부터 하는 사람이라면 졸지 않고 끝까지 볼 수 있는 바로 그 '한 권'을 직접 경험해 보는 것이 무엇보다 중요하다. 따라서 바로 그 '한 권'을 통해 작은 성공의 기쁨을 만끽하기 위해서라면 재미나고 두껍지 않아 끝까지 읽을 수 있는 편안한 책으로 시작하는 게 중요하다.

아주 얇은 책 한 권을 골라서 처음부터 끝까지 한 글자도 빼먹지 말고 읽어보도록 하자. 단 한 권만 해보자. 이것은 작은 성공의 경험을 제공할 것이다. 나도 해냈다는 작은 경험이 자신감을 가져다 줄 것이고 다음에 만나는 책은 좀 더 만만해 보일 것이다.

_『Change 나는 왜 변화하지 못하는가?』

생산적 책 읽기의 마지막은 '지식과 지혜 구별하기'다. 조선 초기의 대표적인 지식인 맹사성. 청백리로 유명한 그는 장원급제 후

군수로 부임한 때가 불과 열아홉의 나이였다. 너무 이른 나이의 성공이 화를 자초하는 법. 교만과 자만이 가득 찼던 그는 어느 날 지혜롭기로 유명한 한 선사를 찾아 한 말씀 청했다. 하지만 속셈은 따로 있었다. 그의 실력을 떠보기 위한 것. 하지만 돌아온 대답은 '선정(善政)을 베풀라'는 말뿐이었다. 이를 우습게 생각한 그에게 선사는 차를 권하며 따라주었다. 한데, 찻잔이 넘치도록 계속 따르는 것이 아닌가.

"바닥이 흥건합니다." 하지만 선사는 그칠 줄 몰랐다.

"넘친다니까요!"

"차가 넘쳐 바닥을 망치는 걸 아는 사람이, 어찌 지식이 넘쳐 인품을 망치는 걸 모르십니까?"

생산적 책 읽기의 궁극적 목표는 지식을 쌓아올리는 것이 아니라 지혜의 깊이를 더해가는 것이다. 다른 사람들에게 자신이 배운 것을 자랑할 목적으로 책을 읽거나 이를 이용하려 할 경우 지혜에 이르는 길은 한층 더 멀어질 것이다. 책은 읽어내는 것 이상으로 깊은 사색이 뒤따라야 하는 것이다.

지식을 축적하는 것만으로는 아무 소용이 없다. 오히려 독단과 아집만 낳는다. 지식이 유용하기 위해서는 자신의 독특한 경험과 실천적 사고 과정에 통합되어야 한다. 지식을 어떻게 자기 삶에 적용할 것인지에 대한 고민과 그 실천과 노력이 지혜를 낳는다. 그 지혜가 깊어져야 새로운 지식도 창조할 수 있다.

_『자신감』

일단 끄적여보기

우리 삶의 방향은 어떤 생각으로 하루를 채우느냐에 따라 달라진다. "독서와 사색과 일을 중단하면 그것으로 인생을 다 산거나 마찬가지이다. 이 세상 마지막 날까지 나는 계속 공부하고 생각하고 일을 할 것이다." 김대중 대통령의 자서전에 나오는 내용이다.

평생토록 공부하며 살겠다고 다짐한 김 대통령은 실제로 삶의 마지막 순간까지 잠시도 손에서 책을 놓지 않았고 병상에서도 많은 사람들을 만났다. 『제국의 미래』와 『오바마 2.0』, 대하역사 만화책 『박시백의 조선왕조실록』이 병원에서 숨을 거두기 직전까지 그가 챙겨본 책이었다.

안상헌은 자유로운 삶을 살고 싶었다. 다른 사람들의 생각이나 세상의 목소리에 현혹되지 않고 오로지 자신의 뜻을 가지고 실천하며 살고 싶었다. 『학문의 즐거움』의 저자 히로나카 헤이스케가 말한 "창조하는 인생이 최고의 인생"이란 말처럼 안상헌은 자기 속에 잠재된 재능과 자질을 발견하고 새로운 도전과 성취를 통해 스스로의 인생을 창조하길 원했다. 그런 그가 끊임없이 고민했던 내용은 다음과 같은 것들이었다.

나는 '어떻게 하면 강의를 잘 할 수 있을까?', '어떻게 하면 책을 잘 쓸 수 있을까?'를 오랫동안 생각하며 살아왔다. 지금도 그 생각들이 하루의 가장 많은 부분을 차지한다. 그 생각들로 인해 새벽 시간과 출퇴근 시간이 열정으로 채워지고 남들이 시시하게 여기는 자투리 시간에도 책을 들게 된다. '어떻게'를 생각하다 보면 자신의 갈망과 욕구가 강해지고 행동의 에너지가 생기기 때문이다.

_『이기적인 직장인』

자신의 신념에 따라 살고자 하는 사람에게 필요한 것은 자신의 가치체계를 명확히 해서 옳다고 믿는 철학을 만들어내는 것이다. 왜냐하면 자기 철학을 가질 때 비로소 우리는 그것에 따라 행동하게 되고 그 행동을 통해 우리 스스로를 확인할 수 있게 되기 때문이다. 반면에 자기 생각이 없는 사람은 끊임없이 다른 사람의 의견에 휘둘리는가 하면 그 결과 스스로의 정체성마저 상실하는 경우가 너무나 많다. 그렇다면 그 어떤 상황에서도 흔들리지 않는 자신만의 가치체계를 만드는 가장 좋은 방법은 무엇일까?

안상헌에 따르면 책을 읽는 것이 가장 좋은 방법이다. 책을 읽으면 무엇이 옳고 그른지에 대해 스스로 판단할 수 있는 생각의 힘을 연습할 수 있고, 다양한 의견들을 수렴하고 통합해서 자신만의 판단을 만들 수 있기 때문이다. 특히 『논어』와 『맹자』 『장자』 『사기』와 같은 고전들은 혼란한 시대에 자신의 뜻을 세운 사람들의 내면적 가치가 명확하게 드러나 있어 큰 도움이 된다고 한다. 시공을 초월해 고전이 여전히 주목받는 이유는 어려운 상황에서 자신을 지켜낸 삶의 정수들이 가득 담겨 있기 때문인데, 이런 고전들은 무엇을 지키고 무엇을 버려야 할지 배울 수 있는 좋은 스승이 된다는 것이다. 이러한 고전의 가치는 일상의 현실에만 매달릴 것 같은 현직 기자에게서도 발견된다. 기자 생활 15년차인 이주형 기자의 말이다.

기자 생활 10년을 훌쩍 넘기고 보니 전문성이 깊어지면 깊어질수록 결국 가장 간절하게 필요로 하게 되는 지식이란 오히려 고전, 그리고 오래된 학문들에 있다는 걸 알게 됐다. 심지어 나처럼 코앞에서 벌어지고 있는 현상을 쫓게 마련인 기자조차도. 나머지 지식들이야 그때 그때 취재하고 집중적으로 공부하면 해결되지만 세월이 흘러 어느 정도 자신의 일에 익숙해질 즈음 필요한 지식과 노하우는 그런 식으로 해결할 수 없다. 그때쯤이면 가장 시급한 게 고전 공부요, 인문학적 토대라는 역설에 맞닥뜨리게 된다. 이런 공부는 급하게 되는 게 아닌데 말이다.

_이주형, 『그래도 당신이 맞다』

　초등학교부터 대학교까지 무려 16년 동안이나 배워온 책 읽기와 글 쓰기. 하지만 우리나라 성인들의 독서량은 특히 낮다. 2000년대 초반 일본의 마이니치 신문사에서 실시한 조사를 보면, 일본 초등학생은 1년에 91권의 책을 읽는데 우리나라 어린이들의 독서량은 46.6권으로 절반 정도에 불과하다. 그런가 하면 2007년 '직장인의 독서실태' 조사(2007년 11월에 취업포털 사이트인 파인트잡과 리서치 기관 엠브레인이 직장인 1,700여 명을 대상으로 실시)에 의하면 남성들은 책값과 술값으로 각각 23,000원, 203,000원을 지출해 1대9, 여성은 각각 89,000원, 164,000원을 지출해 1대2 정도로 전체적으로는 책값에 대한 투자가 술값보다 적고 남성이 여성보다 훨씬 적다. 더구나 한 달 동안 읽은 책은 평균 2.3권인데 술자리 횟수는

6.1회였다. 하지만 이런 독서 통계와 달리 글 쓰기에 대한 수준을 알아볼 만한 자료는 무척 드물다.

우리에게 섬진강 시인으로 잘 알려진 김용택 시인의 표현을 빌리자면 글 쓰기란 '사람을 귀하게 만드는 것'이라고 한다. 글을 쓰는 그 자체 못지않게 글을 쓰기 위해서는 세상을 자세히 관찰해야 하는 사전 과정이 필요하고, 그것을 글이라는 형태로 옮겨적는 과정에서 다시 한 번 더 사물을 인식하는 과정을 거치게 됨으로써 정신을 풍요롭게 한다는 것이다. 김용택 시인이 말하는 글 쓰기의 중요성에 대하여 살펴보자.

"글을 쓰는 게 중요한 것이 아니고 글 쓰기를 통해서 이 세상의 모든 사물들이 귀하다는 것을 깨닫게 되는 거야. 왜냐하면 세상을 자세히 보아야 글을 쓸 수 있거든. 자세히 본 것을 쓰다 보면 더욱 자세히 보여. 그러면 급속도로 발전이 되지. 정신적으로 풍요해지는 거야. 글 쓰기가 중요한 이유는 세상 사람들에게 드러나는 모든 것이 글이기 때문이야. 자기 분야에서 앞서가는 사람들은 모두 글을 써. 글을 쓰기 때문에 앞서가는 거야. 글 쓰기란 세상을 보는 눈을 갖게 하고 그것을 표현하는 힘을 주지."

_ 한정원, 『지식인의 서재』, 김용택 편

하지만 현실은 글 쓰기의 즐거움보다는 글을 써야 하는 데 따른 상당한 부담감에 더 가깝다. 대학에 갓 입학한 신입생들이 자신들의 첫 시험인 중간고사 기간 중 주관식 문제를 어떻게 써야 할지 몰라 하며 곤혹스러워 하는 것이 어제 오늘의 일이 아니다. 이를 통해 대학에 들어오기까지 글 쓰기에 대한 교육이 어느 정도였는지를 가늠할 수 있다. 사실 글 쓰기 능력이 하늘에서 그냥 떨어지는 것은 아니다. 글 쓰기의 기본이 독서와 사고라 볼 때, 학생들이 책을 읽고 스스로 생각해 보는 시간이 많지 않았음을 알 수 있다. 그런 상황에서 안상헌의 활발한 글 쓰기 자체도 그렇지만, 다양한 분야를 넘나드는 독창적 글 쓰기는 단연코 주목받을 만하다. 글 쓰기를 '자기 안의 잠든 거인을 깨우는 가장 훌륭한 방법'이라 여기는 그의 독창적 글 쓰기 비결은 의외였다.

글 쓰기는 머리로 하는 것이 아니다. 글 쓰기는 손으로 하는 것이다. 머릿속에 아무리 좋은 내용들이 정리되어 있어도 글로 표현되지 못한다면 그것은 글 쓰기가 아니다. 공상일 뿐이다. 글은 손으로 종이 위에 표현해야만 하는 것이다. 글을 쓰는 사람들의 이야기를 들어보면 글을 쓰는 순간만은 머리와는 아무 관련이 없이 손이 혼자서 글을 쓰고 있다고 느껴진다고 한다. 펜을 움직이거나 자판을 두드리는 우리의 손동작이 두뇌를 자극하고 생각을 독려하기 때문이다. 그러므로 우리들의 우둔한 머리를 걱정할 필요가 없다. 우리에게 필요한 것은 머리가 아니라 손이기 때문이다. 머릿속의 내용들이 정리되어야 글을 쓰는 것이 아니라 글을 써야 머릿속의 내용들이 정리된다. 우리는 지금까지 그와 반대로 생각해 왔다. 이런 착각 때문에 글을 쓰지 못한 것이다. 아니 글을 쓸 생각을 못한 것이다. 지금 우리에게 중요한 것은 펜을 들고 아무 종이에나 한번 긁적여보는 것이다.

_『생산적 책 읽기 50』

『개미』『나무』『뇌』 등 독특한 아이디어로 유독 한국에서 더 유명한 프랑스의 작가 베르나르 베르베르는 자신의 창의적 글 쓰기 비법 중 하나는 매일 아침 8시부터 정오까지 글을 쓰는 것이라고 밝혔다. 이러한 사실은 얼마 전 그가 한국에 왔을때 인터뷰 약속을 했던 기자가 약속시간인 12시에 그가 머물던 호텔로 찾아가자 오늘은 인터뷰가 있기 때문에 두 시간 일찍 깨서 6시부터 10시까지 글을 썼다고 말하며 알려지게 되었다.

하루 네 시간씩 매일 글 쓰기를 멈추지 않은 그의 꾸준함이 오늘의 그를 만든 것이었다. 꾸준함의 위력이 어디 베르나르 베르베르뿐이었겠는가. 헤밍웨이도 어떻게 하면 글을 잘 쓸 수 있느냐는 질문에 "내가 한 일은 딱 하나입니다. 나는 무조건 9시에 책상에 앉았습니다"라고 대답하였다.

 이들을 보면 무엇이든 꾸준해야 하는 게 맞는가 보다. 일상의 반복을 통해 꾸준함의 근육을 만들고 체질을 변화시켜야 한다. 1만 시간의 법칙으로 요약되는 말콤 글래드웰의 『아웃라이어』를 베르나르 베르베르와 헤밍웨이는 일찍부터 몸소 실천하고 있었던 셈이다. 안상헌도 이들처럼 오랜 시간 공을 들였다. 창의력도 기본이 있어야 하듯이 그의 남다른 글들도 끊임없는 글 쓰기의 결과였던 것이다.

안상헌의 대표작

『생산적 책 읽기 50』, 북포스, 2005년

『이기적인 직장인』, 위즈덤하우스, 2007년

『경영학보다는 소설에서 배워라』, 위즈덤하우스, 2010년

3

공병호
악착같이 읽고 써라,
남는 것은 글밖에 없다

공병호

연간 300회 이상의 강연회와 워크숍에 한 해에만 여러 권의 책을 출간하는 한국을 대표하는 자기계발 전문가. 고려대 경제학과를 졸업하고, 미국 라이스 대학에서 경제학 박사 학위를 취득했다. 나고야 대학교 객원연구원, 한국경제연구원 연구위원을 지냈으며, 자유기업센터와 자유기업원 초대 소장 및 원장, (주)인티즌과 코아정보시스템의 대표이사를 역임하였다. 공병호경영연구소를 운영하며 자기계발 분야에서 계속적인 글 쓰기를 하고 있는 그는 일찍부터 저널리즘과 아카데미즘의 중도노선을 걷는 글 쓰기로 『기업가』 『한국기업흥망사』 『시장경제와 민주주의』 등 수십 권의 책을 출간한 베스트셀러 작가이기도 하다.

2001년 7월 25일, 그는 회사를 나왔다. 일이 유일한 취미인 것처럼 보일 정도로 치열하게 살아온 그가 조직생활을 훌훌 털어버린 것이다. 더 나은 자리가 생겨서가 아니었다. 정확하게 말하면 더 머뭇거릴 상황이 아니었던 것. 사장으로 있던 회사에서 쫓기듯, 도망치듯 떨어져 나온 그의 모습에 사람들은 공병호의 인생도 그렇게 끝나는 것으로 알았다.

　국토개발연구원으로 시작된 그의 연구원 인생은 한국경제연구원 및 자유기업센터 소장을 맡으며 꽃을 피우는가 싶었다. 독립된 법인 형태인 자유기업센터 설립의 산파역을 맡으며 동분서주했던 그가 자유기업원의 초대 원장을 맡은 건 당연한 수순. 하지만 얼마 지나지 않아 그는 애써 설립한 그곳을 나와 당시 실물경제의 가장 정점에 있던 한 인터넷 벤처기업의 사장으로 변신한다. 모두가 의아해하며 하나같이 만류했던 자리였다. 공병호는 얼마 되기도 전에 잘못된 선택임을 직감했다. 알려진 바와 달리 회사는 위태로운 상황이었고, 회사의 책임을 모두 뒤집어쓴 그를 점령군 대하듯 차갑게 대하는 간부 하며 어느 것 하나 순조로운 게 없었다. 그런 곳에 계속 있을 수는 없었다. 나이 40줄에 처음으로 맛본 비즈니스의 냉엄한 현실이 무척 고통스러웠다. 하지만 그가 누군가. 대학 시절부터 남다른 자기관리로 스스로를 다그쳤던 공병호 아닌가.

1분 1초까지 아끼는 철저한 자기관리

매일 새벽 4시에 일어나 도서관으로 향하던 그였다. 3년 동안 거의 같은 자리에 앉다 보니 도서관에 자신의 지정석이 만들어질 정도였다. 한 치의 빈틈도 허락하지 않을 만큼 자신에게 유난히 엄격했던 것.

나는 특별한 날을 제외하곤 늘 4시에 일어나서 4시 10분에 방을 나섰다. 학교 기숙사와 도서관 사이의 거리는 도보로 20분 정도였다. …4시 30분이면 중앙도서관의 문은 당연히 잠겨 있다. 전날 밤 11시 30분에 학생들을 모두 퇴실시킨 다음에 이것저것을 살펴본 수위 아저씨들은 자정이 넘어서야 잠자리에 들었을 것이다. … 중앙도서관의 육중한 문을 흔들어대면 잠이 채 깨지 않은 나이 든 수위 아저씨가 "학생, 지금 몇 신데 문을 열어달라고 해" 하며 짜증을 내셨다. … 아무튼 봄 여름 가을 겨울이 두 번 세 번 반복되도록 나의 새벽 도서관행은 졸업까지 계속되었다. 도서관 자리 또한 3년 동안 거의 같은 자리였다. 수업을 듣기 위해 잠시 도서관을 나섰다가 수업이 끝나자마자 돌아와서 다시 정해진 일과에 따라 준비를 계속했다.

_『나는 탁월함에 미쳤다』

박사 출신으로 성공하지 못한 전직 CEO를 반갑게 맞아줄 곳이 있을 리 만무했다. 이유야 어쨌든 그는 온갖 소문이 뒤숭숭한 가운데 벤처기업에서 뛰쳐나온 아주 무책임한(?) 사람으로 비춰졌다. 세상 사람들의 오해와 그에 따른 차가운 응대를 온몸으로 느끼며 보낸 지 두 달째 되던 2001년 9월, 그는 더 이상 조직생활은 하지 않기로 결심했다. 대신 '공병호경영연구소'를 열었다. 자신의 아파트 한 켠에 낡은 책상과 컴퓨터 한 대를 놓고 '1인 기업가'로 살아가기로 한 것이다.

상사도 없지만 부하 직원도 없는 1인 기업. 장소가 아파트이다 보니 황망하기도 하고 어색하기도 한 초라한 시작이었다. 하지만 더 무서운 건 두려움이었다. 요즘이야 '1인 기업가'라는 표현이 어색하지 않을 정도로 이 분야를 개척한 선구자로 잘 알려졌지만, 당시로서는 '백척간두에 선 홀로서기'라는 절체절명의 순간이었다.

공병호는 이제 연간 300여 회의 특강을 치러내는 인기 강사가 되었다. 수많은 곳에서 그를 찾고 있으며 어린이부터 청장년에 이르기까지 전 세대에 걸쳐 많은 사람들이 그가 던지는 메시지에 귀를 기울이게 되었다.

조직이 주는 안락함이나 권력이 주는 달콤함을 일찌감치 포기한 그는 누구 하나 챙겨주지 않는 외로운 '나홀로의 길'을 가고 있고 현재 순항 중이다. 아니, 그 이상이다. 취업난에 허덕이는 젊은이들과 평생 직장이 아닌 평생 직업의 시대를 살고 있는 수많은 직장인들에게 도전의식과 자기관리라는 면에서 상당한 영감을 불어넣고 있는 중이다.

그가 책을 얼마나 읽는지는 정확히 알 수 없다. 하지만 공병호 정도의 수준에 있는 사람들에겐 몇 권의 책을 읽는가는 더 이상 특별한 의미가 없다. 공병호 정도라면 많이 읽는 단계를 거쳐 더 많이 생각하고 더 많이 쏟아내는 단계에 있을 것이기 때문이다. 하지만 그처럼 되기를 꿈꾸는 사람들에게 그의 독서량은 여전히 궁금증 1호다. 공병호는 책을 얼마나 읽을까? 더불어 그를 멘토로 삼아 '공병호 따라하기'를 실천해 보려는 사람들 입장에서는 엄청난 저술과 강연을 가능케 했을 그의 어마어마한 독서량이 어떻게 가능한지도 궁금할 것이다. 과연 그 많은 책을 어떻게 읽어낼까?

주당 두세 권을 읽는다는 그의 독서량은 어림짐작으로도 연간 수백 권에 이른다. 더구나 누구보다 1분 1초를 아껴가며 살아가는 그가 아닌가. 매년 수백 회의 강연과 여러 권의 책을 출간하는 그 바쁜 와중에 수백 권을 읽어낸다는 것은 그가 책 읽기를 단순한 취미가 아니라 생존의 문제로 인식하고 있음을 보여준다. 매일같이 치르는 특강과 적어도 몇 시간의 집중력이 요구되는 청탁 원고용 글 쓰기만으로도 쉬 지쳐버릴 분량이다. 그런 그가 수백 권의 책을 읽는다는 것은 그야말로 죽기 아니면 까무러치기의 마음이 아니고서야 도저히 감당할 수 없는 일이 아닐까. 공병호는 왜 그토록 치열하게 책을 읽는 것일까?

자신의 가치를 높이는 방법으로서의 책 읽기

그에게 책이란 홀로일 수밖에 없는 그를 외롭지 않게 하는 소중한 친구였다.

책은 우리의 가장 좋은 친구입니다. 책을 가까이 하면 외롭지 않을 뿐만 아니라 훌륭한 사람들과의 대화를 통해 많은 것을 배우고 경험할 수 있습니다. 결국 그런 자산을 가지고 자신만의 세계를 만들 수 있지요. 그렇게 되면 어떤 상황에서든 자신의 페이스를 잃지 않고 살아갈 수 있습니다. 삶의 주인이 될 수 있는 것이죠.

_『공병호의 우문현답』

독서는 '남의 인생을 살아보는 것'이라는 소설가 김주영의 말에 특히 공감하는 공병호다. 실제로 책은 그의 삶을 살찌우고 이웃을 이해할 수 있는 폭을 넓혀준단다. 한 사람의 인생을 담은 한 권의 책은 곧 그 책을 쓴 사람의 반성문이며, 그 사람의 인생을 오롯이 담고 있는 결정체다.

　조항범은 『말이 인격이다』에서 책이 자신의 반성문임을 밝히고 있다. 뒤따라오는 사람들이 되풀이하지 않기를 바라는 마음에 책을 썼다는 대목에선 노학자의 경륜과 진심 어린 조언이 마음에 와 닿는다. 한 사람의 인생을 여실히 드러내는, 인생에 관한 깊은 통찰이 담겨져 있는 것이 바로 책이다. 그런 책을 읽지 않고 내버려 둘 수는 없지 않은가.

이 책은 이런 나의 반성을 전제로 한 것이다. 그동안 말과 관련하여 내가 저지른 실수, 아니면 주변 사람들이 저지른 실수 등을 거울삼아 더 이상 그런 실수를 되풀이하지 않도록 하기 위한 스스로의 경계에서 이 글을 쓰게 된 것이다. 아울러 이 책은 나의 반성문이자, 대학을 졸업하고 막 사회로 나가는 제자들에게 하는 나의 거듭된 잔소리이기도 하다. 말이 말하는 사람의 됨됨이를 잘 보여주고, 그 말이 살아가는 데 큰 경쟁력이 된다는 사실을 잘 알고 있으면서도, 말에 그다지 신경을 쓰지 않고 사회로 나가는 제자들이 너무 안쓰럽고 걱정이 되어 이 책을 쓰는 것이다.

_조항범, 『말이 인격이다』

더 이상 그런 실수를 되풀이하지 않도록 스스로를 경계하기 위해 썼다는 책, 제자들이 안쓰럽고 걱정이 되어 쓴 책이 어디 『말이 인격이다』뿐이겠는가. 이렇듯 다른 이의 반성문을 읽는 것은 자신의 삶에 있어서도 너무나 소중한 기회라 여기는 공병호다. 이것뿐이겠는가. 그에게 책의 의미는 한두 가지가 아니다. 독서란 마음의 밭을 가는 작업이고, 변화가 극심한 시대에 자신을 지켜낼 실력을 쌓는 일이며, 살아가는 재미와 삶에 대한 호기심을 더하는 일이다. 게다가 책을 가까이 함으로써 열심히 살아야 할 이유를 발견하고 자신의 삶을 되돌아보며, 상상력과 창조성을 발휘할 수 있다.

우리의 삶은 하나이지만, 언제 어디서나 본인이 원하기만 하면 타인의 삶을 경험하고, 거기서 배움을 얻을 수 있습니다. 책을 통해 제2, 제3, 제4의 삶을 마음껏 누려보시기 바랍니다.

_『공병호의 우문현답』

1인 기업을 이끌고 있는 그에게 가장 필요한 것은 끊임없이 새로운 '가치'를 만들고 증명하는 것이었으리라. 직장인들은 자신이 갖고 있는 지식이 빠른 속도로 쓸모없어지는 상황에서 자신의 가치를 유지하기 위해 전전긍긍하고 있다. 한마디로 몸값에 맞는 뭔가를 끊임없이 보여줘야 한다는 부담을 지고 있다는 것이다. 하지만 상당수가 무엇을 어떻게 해야 할지 정확히 알지 못할 뿐더러, 설혹 그 방법을 알고 있는 사람도 이를 위해 꾸준히 실천해 나가기가 쉽지는 않다. 1인 기업가로 성공했다는 공병호 역시 이러한 부담으로부터 자유롭지 못하다.

그도 남들처럼 흔들리며 살아가고 있다. 하지만 흔들리는 가운데서도 중심과 방향을 잃지는 않는다는 점이 남과 다르다. 지식의 원천으로 책의 소중함을 통감하고 있으며 그렇게 무궁무진한 지식의 보고인 책, 바로 그 책 읽기를 통해 자신만의 탁월함을 만들어가야 한다는 믿음에는 변함이 없다. 그래서 그는 틈 날 때마다 혼신의 노력을 다해 책을 읽는 것이다.

그는 책을 통해 자신의 상품가치를 높여왔다. 공병호는 '당신의 상품은 무엇인가'라는 글을 통해 독서야말로 자신의 가치를 높이는 가장 최적의 방안임을 암시하고 있다. 아래 있는 네 가지를 모두 충족할 수 있는 것이 책 말고 무엇이 있겠는가.

첫째, 당신 상품의 성공과 실패는 철저하게 시장 수요에 달려 있다.
둘째, 특정 고객에게 확실한 부가가치를 제공할 수 있어야 높은 가격을 받을 수 있다.

자투리 시간 활용법

투르 드 프랑스(Tour de France)는 무려 3,220킬로미터를 달리는 자전거 경주다. 구간경기로 이어지는 21일 동안의 대장정을 어떤 해는 겨우 3초 차이로 순위가 바뀔 정도로 아슬아슬한 박빙의 경합을 보이는 세계 최고의 대회다. 우리가 유독 이 대회를 기억하는 이유 중 하나는 바로 이 투르 드 프랑스가 낳은 최고의 영웅 랜스 암스트롱 때문일 것이다. 대회 5연패라는 그의 엄청난 위업이 돋보였긴 하지만 무엇보다, 암이라는 절망적인 병을 딛고 일어선 불굴의 의지가 더 빛나보인다. 그 암스트롱이 한번은 이런 말을 한 적이 있다.

"단 1초라도 중요하지 않은 순간은 없다. 줄일 수 있는 시간을 최대한 줄이기 위해 내 몸의 극히 작은 부분까지도 구석구석 연마해야만 한다. 옷소매를 어떻게 디자인하느냐에 따라 몇 분의 1초를 단축할 수도 있기 때문이다."

장장 21주 동안 계속되는 경주에 나서는 선수가 그까짓 1초에 매달리다니! 더구나 1초를 줄일 수 있다면 유니폼도 바꿔보겠다는 데서, 대수롭지 않게 여겼던 '1초'라는 시간을 다시 보게 된다. 5연패 위업에 빛나는 랜스 암스트롱이 1초에 매달렸던 것처럼 공병호는 '공병호'라는 자신에 매달릴 수밖에 없었다. 마흔한 살이라는 그리 이르지 않은 나이에 홀로 설 수밖에 없었던 그였기에 자신을 구할 수 있는 사람은 바로 자신밖에 없다는 사실을 누구보다 깊이 통감했기 때문이다. 성공에 대한 절박함과 재기에 대한 간절함으로 무장한 그는 자신을 더욱더 몰아붙였다.

1인 기업이라고 하지만 조직 관리를 제외하면 전략, 마케팅, 세일즈, 연구개발 등의 일은 일반 기업에서 하는 것과 비슷하다. 나는 혼자 힘으로 반드시 일어서야 한다는 절박감이 있었기 때문에 3~4년에 할 일을 1년 안에 해내는 엄청난 업무집중도를 발휘했다. 오로지 읽고 쓰고 말하는 일들의 연속이었다.

_『나는 탁월함에 미쳤다』

'몇 번 읽어도 그때마다 새롭게 느껴지는 글'을 쓰기로 유명한 일본의 세계적인 작가 무라카미 하루키. 덕분에 우리나라에서도 그의 소설에 빠진 독자들이 상당하다. 그의 책이라면 일단 사고 보는 독자층이 두텁다 보니 최신작 『1Q84』는 선인세로 10억 원이라는 고액을 제안한 출판사로 넘어갔다. 출판사간 경합이 가장 큰 원인이긴 했지만, 100만 권 정도는 팔릴 것이라는 계산이 서지 않고는 판권료로 10억을 써낼 수 없는 법이다. 그렇게 본다면 우리나라에 그의 고정 팬은 100만 명 정도가 되는 셈이다. 그건 그렇다 치고, 눈여겨볼 것은 무라카미 하루키의 시간관리다. 베스트셀러 『해변의 카프카』를 쓰는 1년 동안 하루키는 밤 9시에 자고 새벽 4시에 일어나는 생활을 반복했다고 한다. 소설을 쓴다는 건 육체노동에 맞먹는 에너지를 필요로 하는 일이다. 남다른 집중력과 지구력이 필요하다 보니 무엇보다 규칙적인 생활을 통한 컨디션 조절이 관건인 건 당연한 일. 최고의 작품에는 이처럼 엄격한 자기관리가 전제되는 것이다. 그런 면에서 공병호의 자기관리도 남다른 데가 있었다.

2001년 홀로서기 이후 2011년 2월까지 그는 73권의 책을 썼다. 책에서 다뤘던 주제는 자기경영, 기업경영, 사회평론, 리더십, 기타 에세이 등 다양하다. 또한 대상으로 치자면 어린이, 중고교생, 대학생, 학부모 등으로 전 연령층을 아우르고 있다. 어디 그뿐이랴. 전국을 다니며 펼쳤던 강연 횟수는 2007년에 254회, 2008년에 219회, 2009년에 257회, 2010년에 240회에 달했다. 이 모두가 오래전부터 습관화된 부지런함과 집요함이 있었기 때문에 가능했다. 1990년부터 10여 년간 몸담았던 한국경제연구원 시절 그의 모습을 살펴보자.

내가 무엇을 해야 할지 찾기 위해 나는 몇 가지 방법을 택했다. 첫째, 일에 전부를 걸었다. 직장생활 초기 6~7년은 일에 미쳤다고 할 정도로 일에 매달렸다. 그것도 남이 시킨 것이 아니라 스스로 일을 찾아서 했다. … 새벽 4시에 일어나 아내와 함께 거의 매일 여의도에 있는 수영장을 다녔다. 운동을 마치고 바로 출근해 6시 30분 정도에는 업무를 시작했다. 전문가가 되는 지름길은 다른 사람들과는 확실하게 차별화될 정도로 업무시간을 늘리는 것이다. … 나는 경쟁력을 확보하기 위해 새벽 시간, 출퇴근 시간, 주말 등을 모두 업무에 투입했다. 당시에 삶에서 얻었던 교훈은 '남들과 똑같이 일하고, 남들과 똑같이 놀고, 남들과 똑같이 쉬어서는 잘될 수 없다'는 것이었다.
둘째, 나를 더욱 몰아붙였다. 무엇에 쫓긴 듯 나를 무척 압박하면서 살았다. 더 성공하고 싶다는 야심, 그것도 간절한 야심 때문에 그랬을 것이다. 그러기 위해서는 '압축 성장', 다시 말해 한정된 시간 동안 엄청난 일을 처리해야 했다. 나는 늘 긴장과 불안 상태에 있었는데 이는 목표와 현실의 격차를 줄이기 위한 동기로 작용했다.

_『나는 탁월함에 미쳤다』

공병호를 보면 알 수 있다. 삶에도 투입과 산출의 관계는 그대로 적용된다는 것을. 뛰어난 산출물을 더 빨리 거두기 위해 일찍부터 새벽 시간, 출퇴근 시간, 주말 등을 모두 업무에 투입했던 그의 습관이 한때 절망이라는 깊은 수렁에 빠진 그를 건져낸 것이다. 나쁜 습관은 사람을 망치고 좋은 습관은 사람을 일으켜세운다. 롭 길버트는 이렇게 말했다. "나쁜 습관을 정복하라. 그렇지 않으면 습관이 당신을 정복하게 될 것이다"라고 말이다.

오늘의 공병호를 만든 것은 그의 좋은 습관 때문이다. 일찍 일어나는 습관 하나만 갖고 있다면 어디서든 살아남을 자신이 있다고 말하는 그다. 지금도 여전히 새벽같이 일어나 남보다 앞서 하루를 열어가는 것을 마치 신앙처럼 여기는 공병호. 자녀들의 행복을 바라는 세상의 모든 부모들처럼 그도 자식들에게 좋은 습관을 물려주고자 한다. 오늘의 성공에 이르기까지 가장 큰 원동력이 되었던 바로 그 '습관'을 물려주었으면 하는 그는 '자식들에게'란 글을 통해 그 뜻을 전하고자 한다. 사람을 만드는 건 결국 습관이기에, 부디 굳건한 습관을 가지도록 당부하는 부분을 눈여겨보자.

가끔 성취한 사람들과 그렇지 못한 사람들을 만날 때가 있다. 누가 자신이 원하는 바를 이루고 누가 그렇지 못한가를 살펴보면 여러 가지

요인들이 있기 마련이다. 그러나 그중에서도 가장 중요한 것은 승자들의 경우 어떤 상황에서도 타인이 빼앗아갈 수 없는 자신만의 확고한 몇 가지 습관이 있다는 점이다. 그런 습관의 목록들은 젊은 날은 물론이고 평생을 가는 것 같다. 가능한 한 규칙적으로 생활함과 동시에 자신의 생활에 지속성을 더할 수 있는 군건한 습관들을 만들어내는 데 꼭 성공하길 바란다. 사람을 만드는 것은 결국 습관이다.

_『나는 탁월함에 미쳤다』

책은 험하게 다룰수록 좋다

독서습관이라는 작지만 좋은 습관이 미래를 바꾸어놓게 될 것입니다.

_김동환, 『김동환의 다니엘 마음관리 365일』

지금도 내 배낭 속에는 책이 들어 있다. 나는 언제 어디서든 잠깐이라도 시간이 나면 곧 책을 펴든다. 차나 식당, 비행기 안에서는 물론이고 테니스 시합 전후에도 책을 읽는다. 나에게는 독서가 곧 휴식이기 때문이다.

_이형진, 『공부는 내 인생에 대한 예의다』

다니엘 학습법으로 유명한 김동환이나 『공부는 내 인생에 대한 예의다』라는 책으로 잘 알려진 예일대 이형진, 두 사람 모두 독서를 습관화할 것을 강조하고 있다. 누구보다 독서에 힘입은 바 큰 이들이기에 두 사람의 독서 습관 얘기가 특별하게 느껴진다. 안타깝게도 우리나라 대학생들의 독서 실태는 생각보다 심각하다. 이들의 월 평균 독서량은 한 권이 채 안 돼(0.8권) OECD 가입국 중 최하위다. 그런가 하면 책을 전혀 읽지 않는 학생도 10퍼센트나 된다. 절반 이상(65퍼센트)의 학생들이 한 달에 한 권 정도의 책을 읽으며 청춘을 보내고 있는 것이다.

학생들이 꼽을 독서량이 낮은 가장 큰 이유는 아마도 시간 부족 때문이 아닐까. 실제로 요즘 학생들은 과제나 모임, 혹은 아르바이트로 정신이 없어 책 읽을 시간이 있을까 싶기도 하다. 하지만 그런 그들도 언젠가는 책을 읽어야겠다고 생각하는 날이 꼭 올 것이다. 당장 지금은 어렵지만 나중에 언젠가는 꼭 해야 할 것 중 하나로 책 읽기를 꼽게 될 것이다. 하지만 그 '언젠가'가 언제 올지 아무도 모른다. 실제로 그 '나중에'가 있기나 할지는 그 누구도 장담할 수 없다.

바빠도, 아무리 바빠도 학생이 사회인보다 바쁠 턱이 없다. 공부하는 게 밥벌이하는 것보다 치열할 수는 없지 않은가. 비교적 한가했던 학창시절에 책 읽을 시간이 없었던 사람이 그보다 더 바쁜 일터에서 책을 읽게 될 가능성은 거의 없다고 보는 게 맞을 것이다. 그렇다면 결국 독서의 가능 여부는 여유 시간의 유무보다 독서 습관의 유무에 달렸다고 보는 것이 맞지 않을까 싶다. 게다가 책에 대한 간절함 여부가 더해진다면 틀림없다.

사소하게 보이는 일들을 어떻게 결정하고 실천하느냐에 따라서 삶의 모습은 크게 달라진다. 그렇기에 인생에 있어 사소한 일이란 결코 없다. 다만 '세세함'이 있을 뿐이다. 세세함은 사소함과는 다르다. 하지만 많은 사람들이 디테일과 사소함을 혼동하거나 심지어는 세세함으로 처리해야 할 일을 사소하게 처리해 큰 곤혹을 치른다. 그런 면에서 독서도 마찬가지다. 시간이 없다고 말하는 사람들의 일상에서 사소해 보이는 자투리 시간이 없을 리 없다. 아무리 바쁜 사람이라도 자세히 들여다보면 의외로 낭비하는 시간이 상당하니 말이다. 시간에 관한 한 공병호는 마른 수건도 다시 짜는 사람이다.

나는 오래전부터 사람을 약속해서 만나거나 이발소에 가거나 치과를 가거나 어디를 가든 읽다 만 책을 들고 다니는 습관이 있다. 나는 어떤 상황이든 자투리 시간이 생기면 좋은 기회라고 생각하고 그 시간 동안 집중적으로 책을 읽는다. 무엇보다도 이 시간은 데드라인이 정해진 시간이기 때문에 장시간 확보한 시간보다도 훨씬 집중할 수 있어서 좋다. 한마디로 박진감 있게 시간을 활용할 수 있다는 이야기다. 이렇게 하는 따끈따끈한 독서에서 발견한 좋은 사례나 새로운 지식은 약속시간에 만나게 되는 사람이나 고객들과의 대화에 그대로 적용되어 그들을 감동시키는 경우도 적지 않다. 뿐만 아니라 이런 자투리 시간의 독서가 잠재의식 속에 저축해 두었던 기획안 등과 결합되어 새로운 아이디어가 창출되는 놀라운 일도 경험하게 된다.

_『공병호의 자기경영노트』

그는 이런 식으로 내면의 가치를 상승시켜 왔다. 자투리 시간도 활용하는 공병호의 독서 습관. 그만의 디테일함이 돋보인다. 하기야 그렇지 않고서야 어떻게 그 바쁜 가운데 저 많은 책들을 읽을 수 있었으랴. 이런 과정을 통해 홀로서기를 시작한 지 얼마지 않아 멋진 책을 만날 수 있었다. 뒤늦은 출발에 스스로 불안했던 그에게 1인 기업가의 삶이 나쁘지 않은 길이었음을 확신시켜준 『코끼리와 벼룩』이라는 책이었다. 이 책의 저자 찰스 핸디는 1980년대 초에 이미 서기 2000년이 되면 '종신계약'이라고 불리는 전일제 직장에 근무하는 영국 노동자가 전체 노동자의 절반도 되지 않을 것이라 예측한 탁월한 혜안의 소유자였다. 그는 이제 막 홀로서기로 모든 것이 두려운 상태였던 공병호보다 열 살이나 많은

50대 초반에 조직을 떠나 혼자의 삶을 개척했던 경영의 대가였다. 그가 내심 스스로의 선택에 혹시나 하는 마음이 없지 않았던 공병호에게 확신을 더하는 큰 힘이 되었음은 물론이다.

앞으로 회사든 혹은 일반 단체든 조직들은 그 활동범위와 영역은 늘리는 한편 핵심 사업은 축소할 것이다. 그리하여 그 간격을 계약직 서비스와 전문지식들로 채울 것이다. 이런 핵심 일에는 24시간 글로벌 사업 운영에 부응하여 시간과 노력을 아끼지 않는 젊은 사람이 투입될 것이다. 물론 머리가 희끗희끗한 노인도 할 수 있는 일이 있겠지만 그리 많지는 않을 것이다. 많은 회사 조직이 군대 같은 연령 프로필을 갖게 될 것이다. 젊고 의욕적인 젊은이들이 기반을 이루지만 위로 갈수록 몇 명의 현명한 사람들만 남아 있는 피라미드 꼴이 될 것이다. 그리고 군대와 마찬가지로, 회사는 이제 많은 사람들이 거쳐가는 첫 번째 이력, 혹은 벼룩 생활로 가는 전주곡이 될 것이다.

_ 찰스 핸디, 『코끼리와 벼룩』

공병호의 독특한 책 읽기 습관 중 또 하나 눈여겨볼 것은 책을 험하게 다루는 방식에 있다. 그에 따르면 독서를 하는 동안에는 책과의 치열한 지적 교류나 교감이 일어나야 하므로, 얌전하게 눈으로만 책을 읽어서는 안 된다는 것이다. 심지어 그는 이와 같은 습관은 하루 속히 내버려야 한다고 할 정도로 책을 거칠게(?) 다루길 역설하고 있다. 대신 주도적인 태도로 책과 적극적으로 교류할 것을 강권한다.

　책을 거칠게 다룬다는 것은 어떤 독서 형태를 말하는 것일까? 서울 인사동 길과 산본 신도시를 디자인하고 설계한 도시 설계 전문가이자 18대 국회의원(민주당 비례대표)에, 서른 권이 넘는 책을 쓴 작가이기도 한 김진애의 경우라면 의문을 가지고 책 속으로 적극적으로 달려드는 사람의 좋은 예가 아닐까? 서울대 공대생 800명 중 유일한 여학생이었던 그녀는 확실히 책을 거칠게 다루는 사람 중 하나다. 책을 읽으면서 줄 긋고 박스 치고 여백에 메모까지 한다. 글쓴이가 얘기하는 내용을 그냥 그대로 받아들이는 수동적 책 읽기가 아니라 책 속의 내용이 각각 자신에게 어떤 의미가 있는지를 끊임없이 물어가며 읽는 것, 밑줄과 동그라미는 물론 메모와 심지어 접고 오리고 덧붙이는 일도 불사하는 게 그녀의 책 읽는 방식이다.

> "책을 읽을 때는 의문을 가지고 읽어야 해요. 적극적으로 읽어야 자신의 생각과 의문과 고민이 생기는 겁니다. 그것이 없으면 책을 읽는 의미가 없어요."
>
> ＿ 한정원, 『지식인의 서재』, 김진애 편

공병호는 책 읽기의 효과를 극대화하여 책이 담고 있는 정수를 온전히 빼낼 수 있는 치열한 책 읽기, 즉 독자와 저자 사이에 이루어지는 치열한 쌍방향의 교류는 다음과 같은 방식을 통해 완성된다고 말한다.

> 필요한 곳이나 중요한 문장, 단어에 대한 과감한 줄 긋기와 표시 등이 이루어질 때 가능하다. 그러므로 책을 읽을 때는 필기구를 지참하는 것이 좋다. 붉은색 혹은 푸른색 플러스 펜을 사용하는 것이 효과적이다. 인간의 두뇌는 책 위에 그려진 줄이나 동그라미, 네모, 세모, 거미줄, 별 표시 등 각종 영상을 이미지로 기억한다. 거기에 색상까지 가미되면 아주 오랜 시간 기억에 남는다. … 책을 읽어가면서 표시를 하는 데는 여러 가지 방식이 있다. 내가 좋아하는 것은 동그라미나 별 표시 등과 같은 각종 이미지 영상 등이다. 예를 들어, 중요한 문장이나 단어 등에 별 하나 혹은 별 둘 등 다양한 기호를 사용하기도 한다. 이런 방법만으론 충분하지 않을 때가 있으니 메모라는 적극적인 방법도 있다. 메모를 하며 하는 책 읽기는 진정한 의미에서 창조적이고 건설적인 투자행위로 탈바꿈하게 된다. 머릿속에 강인한 인상을 남기기 위해, 또 책 읽기를 마치는 순간부터 항상 동원가능한 지식이나 아이디어의 창고로 활용하기 위해 책의 여백을 적극적으로 활용하는 것이 좋다.
>
> _『공병호의 자기경영노트』_

글은 자신의 생각을 밖으로 표출하는 것이다. 커뮤니케이션의 중요성이 강조되고 있는 요즘과 같은 사회에서 글 쓰기란 필요성을 넘어 한 사람의 능력을 가늠하는 중요한 척도가 되기도 한다. 그렇게 본다면 글 쓰기 능력은 한 사람의 사회적 신분을 결정짓는 중요한 요소가 아닐 수 없다. 그야말로 피해갈 수 없는 글 쓰기의 외나무다리. 어떻게 하면 글을 잘 쓸 수 있을까? 공병호는 말한다. '나로부터 시작하라.' 무수히 많은 강연을 해왔고, 그보다 훨씬 더 많은 양의 글을 써서 책으로 냈던 그에게 글 쓰기는 '나는 쓴다. 고로 존재한다'에 다름 아니다. 공병호에게 글 쓰기는 존재의 의미 그 자체였다.

오늘의 공병호를 있게 한 중요한 책은 베인앤컴퍼니 창립 멤버이자 보스턴컨설팅그룹의 컨설턴트로도 활동한 바 있는 리처드 코치(Richard Koch)의 책 『The 80/20 Principle』이었다. 공병호는 이 책을 '80/20법칙: 현명한 사람은 적게 일하고 많이 거둔다'라는 제목의 번역서로 국내에 소개했고 '20퍼센트에 집중하라'는 간결한 핵심이 돋보였던 이 책은 이내 베스트셀러 반열에 올랐다. 그때가 회사를 나오기 바로 전인 2000년이었다. 책의 반응이 남달랐던 탓도 있었겠지만, 그 책을 번역한 당사자였던 공병호는 2001년 12월에 그의 '홀로서기'를 세상에 알리는 책으로 '자기경영노트'를 내놓았다.

『공병호의 자기경영노트: 80/20법칙 자기실현편』은 전작 번역서 못지않은 큰 반응을 일으켰다. 3개월 전까지만 해도 비빌 언덕 하나 없었던 그는 이 책을 통해 '대한민국 1인 기업'의 선두에 우뚝 섰다. 이 책은 테이프 형태로(2002년, 2007년), CD로(2007년), 오디오북으로(2011년) 출간돼 있으며, 『10대를 위한 자기경영노트』와 같은 형태로 특정 연령층을 대상으로 하는 세분화 작업이 이루어지고 있다. 아울러 『공병호의 자기경영노트』 이후 '자기경영노트'라는 신조어는 출판계의 키워드가 되었다. 『김밥 파는 CEO 김승호의 자기경영노트』 『성공하는 여성의 자기경영노트』와 같은 국내 작가의 책이 나오기도 했고, 『프로가 되는 자기경영노트』 『30대 직장인을 위한 자기경영노트』 『직장인을 위한 자기경영노트』와 같이 외국 작가의 책도 '자기경영노트'라는 제목을 달고 봇물 터지듯 쏟아져나왔다. 돌이켜보건대 공병호가 책을 낼 정도의 글 재주가 없는 사람이었다면 오늘날과 같은 큰 성공을 거두긴 힘들었을 것이다. 그런 의미에서 책과 그 책을 쓸 수 있었던 그의 글 쓰기 능력이야말로 1인 기업가 공병호의 1등 공신이었다.

나는 유한한 삶을 뛰어넘어 삶의 자취를 남길 수 있는 방법으로 글 쓰기를 택한 것이다. 그 간절함 때문에 나는 글 쓰기를 연습했다. … "삶의 모든 경험들을 기록으로 남겨라." 내가 좋아하는 글귀 가운데 하나다. 그것은 자연스러운 글 쓰기를 유도한다. 일의 절반이라는 시작, 거대한 홍수의 물꼬를 터주는 평범하지만, 위대한 첫걸음이다. 자신이 살아온 삶의 자취를 남기는 것은 누구나 하고 싶은 일이다. 글로 써서 남기지 않은 삶의 자취는 자신과 기억해 줄 사람들의 죽음과 함께 망각의 늪으로 사라져버린다. 그래서 나는 지금도 강연장에 모인 청중들에게 이렇게 권한다.

"글을 써라. 삶의 자취들을 기록으로 남겨라."

_『공병호의 성찰』

마케팅 관련 글 쓰기에서 독창적인 영역을 개척한 마케팅 전문가 조 비테일(Joe Vitale)의 『꽂히는 글 쓰기』. 40년 동안 다양한 장르의 글 쓰기를 해왔으며, 30년 동안 글 쓰기를 가르쳐왔던 그는 이 책에서 "완벽한 글 쓰기는 없다!"고 말한다. 100여 권에 가까운 책을 써낸 공병호도 타고난 자질 덕분에 글을 쓰게 된 것은 아니라고 한다. 하지만 반복에 반복을 거듭해가다 어느 순간 문리를 깨우쳤다고 한다.

처음부터 글 쓰기를 좋아하는 사람은 없다. 처음부터 잘 쓰는 사람은 더욱 드물다. 무슨 일이든지 처음 시작할 때에는 약간의 고통이 따른다. 게다가 두려움과 부끄러움도 함께한다. 하지만 대문호의 글, 나 같은 저술가의 글 따위와 자신의 소중한 기록을 같은 반열에 놓고 비교하지 마라. 누가 뭐라 해도 자기 자신이 썼기에, 누가 뭐라 해도 내 인생의 기록이기에 소중하고 아름다운 글이다. 그렇게 애정 어린 마음으로 꾸준히 써보라. 수백, 수천 장의 원고지를 채워보라. 모든 일들이 그렇듯 글 쓰기도 반복하다 보면 어느 순간 문리를 터득한다.

_『공병호의 성찰』

조 비테일은 말한다. 글을 쓰는 동안 완벽한 글을 쓰겠다고 생각하지 말고, 자꾸 글 쓰기를 멈추도록 만드는 '제2의 자아(작가는 이를 '의심 많은 자아'라고 부른다)'를 억제시키라고. 더불어 글을 쓰면서 자꾸 평가를 내리지 말고 '무작정 쓰고, 기계적으로 글을 생산하라'고 말한다. 그렇듯 공병호의 수많은 저술활동도 꾸준한 글 쓰기 연습을 통해 오늘에 이른 것이리라. 『나는 탁월함에 미쳤다』에서 공병호는 자신이 좋아하는 작가 세스 고딘의 사례를 들면서 '끊임없이 써왔던' 자신의 글 쓰기 방식을 다시 한 번 강조하고 있다.

『보랏빛 소가 온다』와 같은 베스트셀러 저자로 유명한 세스 고딘은 내가 좋아하는 작가 중 한 명이다. 그러나 나는 최근에서야 그가 무려 100권이나 되는 책을 집필한 작가임을 알고 무척 놀랐다. 그 역시 '무수한 시도 끝에 기회를 잡을 수 있다'는 신념을 가진 사람이었음을 나는 다음과 같은 그의 글에서 알 수 있었다.

"어떤 일을 마무리했다고 그것이 곧 걸작이 되는 건 아니다. 나는 책을 100권 이상 만들어냈다. 물론 모든 책이 잘나가지는 않았다. 하지만 그 책들을 쓰지 않았다면 나는 이 책을 쓸 기회를 갖지 못했을 것이다. 피카소는 1,000점 이상의 그림을 그렸다. 그렇기 때문에 사람들은 피카소의 그림을 세 개 이상 알고 있는 것이다."

_『나는 탁월함에 미쳤다』(두번째 문단은 세스 고딘의 『린치핀』 인용 부분)

공병호의 대표작
『공병호의 자기경영노트』, 21세기북스, 2001년
『공병호의 성찰』, 세종서적, 2004년
『공병호의 내공』, 21세기북스, 2009년
『공병호의 우문현답』, 해냄, 2010년
『나는 탁월함에 미쳤다』, 21세기북스, 2011년

그들은 어떻게 읽었을까

4

이장우
천 권의 책으로 전문가가 돼라

이장우

1982년 한국3M에 입사하여 한국인 최초로 3M 미국 본사 인터내셔널 매니저로 발탁되었으며, 이메이션코리아의 CEO로 파격 승진했다. Idea Doctor™란 한국 최초의 개인브랜드로 브랜드파워를 인정받고 있으며, '이장우브랜드마케팅그룹' 회장인 동시에 '소셜미디어마케팅Lab' 대표를 맡고 있다. 연세대학교 경영학 석사, 경희대학교 경영학 박사, 성균관대학교 공연예술학 박사를 취득했다. 배움을 향한 끊임없는 노력과 열정으로 홍익대학교 국제디자인대학원 디자인학 박사과정도 수료했다. 영문학과 출신으로 시작한 그였지만 끊임없는 자기계발을 통해 세 개 분야에 통달한 박사(수료 포함)가 되었다. 그는 살아있는 직장인의 신화다.

그는 마르지 않는 샘처럼 식을 줄 모르는 호기심으로 자신의 영역인 경영과 마케팅에서부터 디자인, 공연, 예술, 건축, 역사, 미술 등 다양한 분야를 종횡무진하면서 독서와 여행을 즐기고 있었다. 지천명의 나이에도 불구하고 좋아하고 하고 싶은 게 너무나 많은 활동적인 CEO였다.

_진희정, 『CEO, 책에서 길을 찾다』, 이장우 편

이장우란 이름을 기억하게 된 계기는 『당신도 경영자가 될 수 있다』라는 책을 접하면서였다. 책에는 말단 세일즈맨에서 시작해 최고경영자 자리까지 오른 그의 입지전적인 이야기가 생생하게 수록되어 있었다. 수세미를 팔러 다니는 영업사원으로 시작해 15년 만에 3M 계열사인 주식회사 이메이션코리아의 사장을 꿰찬 그는 대한민국 직장인들의 우상이었다. 전문 경영인으로 비교적 오랜 기간 이메이션을 맡아온 그는 최근에 스스로 자리에서 물러나 또 다른 인생을 꿈꾸고 있다. 끊임없이 공부하는 CEO, 강의하는 CEO, 베스트셀러 작가 CEO 등 CEO의 지평을 넓혀 갔던 그가 이제 노후를 앞두고 어떤 삶의 모습을 보여줄지 벌써부터 기대된다.

책 읽기는 삶의 큰 즐거움

지금의 화려한 모습과 달리 이장우는 무척 힘든 어린 시절을 보냈다. 오늘의 그를 만든 것은 성장과정에서 잉태된 근성과 공부할 수밖에 없었던 가난한 가정환경이었다. 인문계 고등학교를 포기하고 실업계 고등학교로 진학해 어렵사리 대학까지 들어갔지만 가정형편상 수업료는 물론 생활비마저 아르바이트로 해결해야만 했다. 그로 인해 그의 대학생활은 경제적으로 무척 고단한 나날의 연속이었다. 연탄 한 장 사는 것도 부담스러웠던 당시, 냉기 가득한 자취방에서 추위로 도저히 잠을 이루지 못할 때 그는 전기밥솥의 온기에 기대곤 했다. 추위로 잠이 깬 새벽에 전기밥솥에 물을 넣어 끓이고 거기서 나오는 증기의 따스한 온기로 다시 잠을 청하곤 했다는 것이다. 이장우는 새벽이 되면 학교 도서관으로 부지런히 발을 옮겼다. 도서관은 난방이 되기 때문이었다.

그의 속내를 알 길 없었던 친구들은 그를 무척 부지런하고 열심히 공부하는 학생으로만 생각했다. 도서관이 따뜻하게 잠 잘 수 있는 유일한 곳이었기에, 새벽부터 도서관을 찾은 그가 할 수 있었던 것은 공부밖에 없었다. 그렇기에 학과 친구들이 그의 성적을 따라잡기란 거의 불가능했다. 덕분에 이장우는 경희대 영문학과에 입학한 이래 줄곧 장학금으로 학교를 다닐 수 있었다.

지금이야 이 사장이 자연스럽게 독서를 즐기지만 처음부터 타고난 습관은 아니다. 그가 독서에 매달리게 된 것은 대학교 3학년 때부터다. 집안 사정이 어려워지면서 공부로 장학금을 받지 않으면 학교에 다닐 수 없는 상황이 됐던 것이다.

"대학교 3학년 때, 군 제대하고 복학하면서부터예요. 대학을 마치려면 장학금을 타는 방법밖에는 없었어요. '죽기로 마음먹으면 산다'는 상황이 만들어진 거죠. 그때부터 공부해서 장학금을 타야겠다는 생각에 책을 읽고 공부를 시작한 것입니다."

죽자 사자 전공인 영어 공부에 매달렸다. 밤낮없이 하다 보니 나중에는 재미가 붙었다. 이후 중국어, 일본어, 스페인어, 프랑스어 등을 하나씩 섭렵했다. 대학을 졸업하기 위해 공부에 매달리면서 자연스럽게 책을 접하게 된 것이 몸에 익으면서 평생 습관이 된 것이다.

_진희정, 『CEO, 책에서 길을 찾다』, 이장우 편

이장우가 첫 손에 꼽는 삶의 즐거움은 책 읽기다. 새로운 지식을 습득하는 데 독서만 한 것이 없다고 생각하는 그이기에, 연간 200여 권의 책을 소화해낼 정도다. 1년 내내 꾸준하게 읽어내는 그는, 한 달에 적게는 열 권에서 많게는 스무 권까지 읽는다. 마음에 드는 책은 그날 모두 끝을 내야 하는 열혈 독서광이라 2006년부터는 한 경제주간지에 북 리뷰를 연재하기도 했다. 이 모두가 오랫동안 독서로 쌓은 내공이 있었기에 가능했던 일이다.

책 읽기를 워낙 즐기지만 기업의 CEO란 자리가 책만 읽고 지낼 수 있는 여건은 아니지 않는가. 기업의 미래를 고민하는 것은 차치하더라도 수시로 사람들을 만나고 행사에 참여하며 회의를 주재하는 등의 많은 일정으로 하루가 꽉 차 있기 십상이며, 그때그때 필요한 의사결정을 수시로 내려야 하는 바쁜 자리가 바로 기업의 사장이란 자리다. 이런 상황에서 책에 파묻혀 지낼 시간을 만들기란 결코 쉽지 않은 법이다 보니 그가 고대하는 시간은 바로 출장과 휴가 때다. 이때야말로 책과 마주해 온전히 독서에 빠질 수 있는 시간이므로 업무상 출장이나 휴가를 앞두고 미리부터 마음이 설레는 것이다. 어떤 책을 갖고 갈지, 몇 권이나 넣어 갈지 그는 즐거운 고민에 빠진다. 자신과 함께 출장을 떠날(혹은 여행을 함께 갈) 동반 파트너를 고르는 데 어찌 고민이 따르지 않을 수 있을까. 짐을 꾸릴 때 책을 우선으로 챙긴 지도 꽤 오래되었다.

"출장이나 여행을 떠나기 2주일 전부터 미리 가서 읽을 책을 챙깁니다. 매번 느끼는 일이지만 책 고르는 일의 재미가 여간 쏠쏠한 게 아니에요. 책을 고르는 기준은 그때그때의 트렌드나 이슈에 따라 정해지지요. 하지만 여행 트렁크에 넣을 책을 고르는 고민은 직접 해보지 않고는 느낄 수 없는 스릴마저 있어요."

_ 진희정, 『CEO, 책에서 길을 찾다』, 이장우 편

그는 부산에 가야 할 일이 생길 경우 기차를 이용한다. 김해공항에서 다시 차편으로 이동해야 하는 비행기 편에 비해 KTX는 번거로움이 적으며 시간 면에서도 별 차이가 없고 집중해서 책 읽기가 여간 편하지 않기 때문이다. 어디로 출장을 가든 업무를 마친 후 저녁에는 반드시 호텔에서 책을 읽는다는 그는 일상의 자투리 시간을 차곡차곡 모아 책 읽기에 털어넣고 있다.

독서광인 그는 애써 서점을 찾곤 한다. 신간서적들을 통해 새로운 생각을 할 수 있고, 산더미처럼 쌓인 책과 몰입해서 책을 읽고 있는 수많은 사람들 사이를 비집고 다니다 보면 어느 사이에 집이나 직장에서 쌓인 피로가 말끔히 사라진다. 그래서 이장우에게 서점은 그만의 안식처다.

우리 시대의 르네상스맨

1995년 미국의 3M 본사에서는 디스켓과 데이터스토리지 및 이미징 관련 사업부를 분리 독립시키기로 결정하고 이메이션이란 이름의 독립 사업체로 회사를 분사시켰다. 14년간 한국3M의 디스켓과 데이터 기록 영업부에서 일해온 이장우 과장은 신설된 회사의 한국 법인 사장으로 본인이 적임자라고 생각했다.

하지만 국제적인 기업인 3M 내에 쟁쟁한 인재들이 많았고, 무엇보다도 1975년 한국 법인이 생긴 이래 단 한 번도 한국인이 사장으로 부임한 전례가 없었다는 사실이 사장 자리를 내심 기대하고 있던 그에게는 좀처럼 넘기 어려운 큰 장벽이었다. 한국인을 차별했다기보다는 당시 상황에서 전 세계를 대상으로 세일즈를 펼칠 글로벌 마인드로 무장한 사람들이 부족하다는 것이 본사의 판단이었다.

> 내가 3M에서 인터내셔널 매니저가 되겠다고 했을 때, 선배들은 상당히 부정적이었다. 한국사람으로서 이 직위까지 올랐던 사례가 없었기 때문이었다. 우리는 으레 그런 줄 알고 있었다. 나는 다시 꿈을 꾸기 시작했다. 인터내셔널 매니저뿐 아니라 사장도 되게 해달라고 빌었다.
> _『당신도 경영자가 될 수 있다』

이런저런 이유로, 신설 법인의 사장 자리를 내달라는 그의 요구는 무리한 것으로 보였다. 더구나 미국 쪽에서도 이메이션의 사장 자리를 희망하는 지원자들이 무척 많았다. 과장에 불과했던 그에 비해 직급도 더 높고 경력도 풍부한 사람들이 여럿 지원한 것이다. 그 상황에서 그가 할 수 있는 것은 최선을 다해 총공세를 펼치는 것이었다. 먼저, 그는 한국3M에 이번에 사장이 되지 못하면 회사를 떠나겠다는 폭탄선언을 통해 배수진을 쳤다. 이어 그가 지금껏 쌓아둔 모든 인맥을 총동원해 본사 경영진들을 설득하는 한편, 마지막으로 3M 회장과 국제담당 사장에게 다음과 같은 편지를 보냈다.

나는 미국 본사의 빌 모나한 회장과 데이브 웽크 국제담당 사장에게 이메일로 "최선을 다해 일을 하겠으니 사장 자리를 달라"고 글을 올렸다. "나는 수세미 장사에서 시작해 디스켓 영업까지 3M에서 13년간을 일해 왔다. 나름대로 성공했다고 자부한다. 내가 뭐는 못할 것 같은가. 배우면서 일하는 자세를 잃지 않는 한 이메이션코리아 사장도 해낼 수 있다"는 요지의 글을 빌 모나한 회장에게 보냈다.

_ 『당신도 경영자가 될 수 있다』

본사는 그에게 장시간의 전화 인터뷰를 요청했다. 그의 비전과 가능성은 본사와 통했고 정확히 2개월 만에 이메이션코리아의 사장이 되었다. 3M 사상 최초로 한국인이 사장 자리에 오른 것이다. 누구도 예상치 못한 결과였다. 당연히 모두들 의외라는 표정이었다. 더구나 현직 과장이 무려 네 직급을 뛰어넘어 파격적으로 사장 자리에 오른 것은 미국 본사에서도 흔치 않은 사례였다.

그에 따르면 3M과 이메이션에서 아직 이 기록은 깨지지 않았다고 한다.

이장우는 이메이션을 10년 넘게 맡아온 장수 CEO다. 전문 경영인인 그가 한 기업의 사장 자리에 이렇게 오랫동안 앉아 있을 수 있었던 것은 그만의 특별함이 있지 않고서는 절대 불가능했을 것이다. 세계 최고의 기업 중 하나인 3M에서는 당연히 실적 위주로 인사를 평가한다. 성과라는 진검승부로 영입과 퇴출이 결정되는 3M과 이메이션에서 장장 30여 년 동안이나 재직할 수 있었던 것만으로도 그의 능력을 가늠해 볼 수 있지 않을까. 더구나 10여 년간을 CEO로 장수했다는 사실은 경영자로서의 그의 능력이 탁월함을 보여주는 것이다.

그런데 더 놀라운 것은 그가 CEO 이외에 경영학과 공연예술학 박사로 학생들을 가르치는 교수에다 여러 기업에서 자주 찾는 인기 마케팅 강사이기도 하다는 점이다. 실제로 그에게 특강을 부탁하려면 300만 원 가까운 비용을 부담해야 할 정도로 그의 강사료 수준은 만만치 않다. 여러 권의 마케팅 전문 서적과 그에 못지않은 다수의 자기계발 서적 등 베스트셀러를 발간한 인기 작가인 그는 그야말로 에너지가 철철 끓어 넘치는 사람이다.

이장우 사장은 강의를 즐겨 한다. 대학교와 대학원에서 마케팅을 강의하고 있고, 정규과목을 맡아서 겸임교수로도 활동을 하고 있다. 그가 강의를 시작한 지 이미 20여 년이 지났지만, 인기는 식을 줄을 모른다. 기업이나 방송 등에서도 특강을 하고 있으며, 그만의 독특한 강의 주제와 스타일로 인기를 모으고 있다. 강의 제목도 색달라 '마케팅 상상력으로 흘러가는 구름 잡기', '꿈과 아이디어로 세상 바라보기' 등 고정관념을 벗어나 새로운 개념의 강의를 시도하고 있다. 은퇴 후에는 컨설팅 회사를 설립하여 좀 더 전문적으로 강의를 하고 싶다는 것이 그의 바람이기도 하다.

_진희정, 『CEO, 책에서 길을 찾다』, 이장우 편

50세에 은퇴하는 것이 꿈인 그에게는 두 가지 바람이 있다. 하나는 한 번 강연에 1천만 원을 받는 강사가 되는 것이고 그다음이 여행이다. 짧은 여행은 생각을 바꾸고 긴 여행은 습관을 바꾼다는 말을 믿는 그는 나름 긴 여행을 통해 새롭게 변신해 지금과 전혀 다른 또 다른 이장우가 되는 것을 꿈꾼다. 먼저, 그가 말하는 1천만 원짜리 강사란 도대체 무엇이란 말인가?

은퇴하면 나는 강연에 충실하고 싶고 글을 계속 쓰고 싶다. 경영, 비즈니스, 삶, 성공에 대해 쓰고 싶다. 성공학 전도사로 나서서 전문 강연인이 되고 싶고, 국내 최초로 시간당 1,000만 원을 받는 강연자가 될 것이다. 돈이 문제가 아니라 지식과 지혜에 대한 가치를 이만큼 높이고 싶은 것이다. 경영도 문화다. 왜 우리가 비싼 돈 주고 미국으로 경영학 공부를 하러 가는가. 그곳은 한 번 강연에 1억 원을 받는 강사가 있기 때문이다. 지식의 가치를 알아주는 문화는 질 높은 경영자와 지식 창조자를 키워낸다. 나는 이런 문화를 일궈 보고 싶다.

_『당신도 경영자가 될 수 있다』

1억 원은커녕 1천만 원짜리 강사도 드문 가운데 이장우가 1억 원 강사료에 매달리는 이유는 무엇 때문일까? 하버드 대학의 마이클 포터 교수는 시간당 약 7천만 원을 받는다고 하며 현대 경영학의 태두라고 불리는 클레어몬트 대학의 명예교수인 피터 드러커, 컨설턴트로 유명한 톰 피터스 박사 등 미국을 대표하는 지성인들의 강사료는 상상을 초월한다. 그럼에도 불구하고 이런 사람들을 강사로 초청하려는 사람들이 줄을 이룬다. 비싸다고 하기는커녕 오히려 이들의 높은 지적 가치를 인정하는 것이다.

그에 비해 국내 상황은 판이하다. 두세 시간 강연에 수십만 원을 받는 게 일반적이며 100만 원 이상의 강사료를 지급하는 경우는 흔치 않다. 강의를 하는 입장에서 내놓고 강사료가 얼마인지 미리 얘기하기도 머쓱한 분위기다. 돈을 밝힌다는 오해를 주지 않을까 하는 염려에서다. 게다가 강의를 부탁한 기관에서도 예산 상의 이유를 들거나 심지어 강의 기회를 준 선처를 베풀었다는 식으로 기대 이하의 강사료를 정당화하는 경우가 종종 있다. 이 모두가 지적재산의 가치를 우습게 본 탓이다. 이장우가 1천만 원짜리 강사가 되겠다는 것은 우리의 잘못된 인식을 바꿔보고 싶은 것이리라.

신문이나 잡지를 읽는 것도 독서다

자기계발의 시작은 어디에서 비롯되는 것일까. 우선은 일간지나 경제지 등을 보면서 하는 것이 좋다. 다음은 자기 직업과 관련된 전문 잡지나 경제잡지를 읽으면 된다. 원서로 읽으면 영어 공부도 되고 좋다.
_『당신도 경영자가 될 수 있다』

신문의 가치를 발견한 사람이 어디 이장우뿐이랴. 미래학자로 알려진 존 나이스비트는 미래를 예견하는 데 필요한 것 역시 신문이란다.

"지역 신문의 1단짜리 작은 기사도 세심히 읽습니다. 짧은 기사라도 새로운 현상이면 기억했다가 다른 지역의 신문에서도 그런 일이 일어나는지 살핍니다. 그 현상이 여러 군데에서 나타나면 트렌드를 이룰 조짐이 아니겠습니까?"

2차 세계대전 직전 영국에서 각국의 군비를 다룬 책이 출판되었다. 이 책을 입수한 히틀러는 독일 편에 수록된 내용에 경악을 금치 못했다고 한다. 독일에 관한 항목에 병력의 배치는 물론 각 사단장의 경력이나 심지어 개인의 성격 등이 너무 세밀하게 언급되어 있었기 때문이었다. 히틀러는 어떻게든 이 책의 저자를 붙잡아 정보 출처와 관련된 스파이 일당을 뿌리 뽑아야겠다고 생각했다. 비밀경찰인 게슈타포가 움직였다. 이들은 스위스의 한 출판사를 사칭해서 저자를 유인했고 마침내 그를 납치하여 독일로 연행하는 데까지 성공했다. 하지만 당초의 예상과 달리 심문을 통해 밝혀진 사실은 너무나 황당한 것이었다. 저자가 그 정보를 스파이나 특별한 자료를 통해서가 아니라 풀과 가위로 얻었다는 것이 밝혀진 것이다.

신문이나 잡지, 라디오 뉴스나 여러 가지 행사 등 누구나 접할 수 있는 정보 속에서 필요한 내용을 스크랩하고 그것을 체계적으로 자세하게 그런가 하면 우리에게 육일약국으로 잘 알려진 약사 출신의 CEO 김성오는 경제신문을 통해 사업의 아이디어를 얻을 수 있었다. 그는 마산에서 약국을 경영하고 제조업체인 영남산업 대표 이사를 거쳐, 2000년 창립된 메가스터디 부사장 및 엠베스트 대표라는 삶의 행보를 보여주고 있는 약사 CEO다. 언젠가 변두리의 소형 약국을 벗어나 시내 중심가에서 큰 약국을 운영해 보는 것이 소원이었지만, 목 좋은 곳을 얻으려면 육일약국의 3년간 수입을 단 한 푼도 쓰지 않고 모아야 할 정도로 거액이 필요했기 때문에 엄두를 내지 못하고 마음만 졸이던 상황이었다. 하지만, 그는 1980년대 당시 마산·창원 지역을 통틀어 200여 명 안팎에 불과했던 「한국경제신문」 구독자 중 한 사람이었고, 바로 그 신문을 통해 자신의 꿈을 이루는 또 다른 방법을 찾을 수 있었다.

하지만 변두리의 조그만 약국을 경영하더라도, 경제의 흐름을 보는 눈이 중요하다는 생각에 경제신문을 신청했다. … 그러던 어느 날, 경제신문에서 유통업체의 대명사라 불리는 '월마트'에 관한 기사를 보게 되었다. 마이카 시대를 맞이하여 시내가 아닌 도시 외곽에 창고형 마트를 지어 성공했다는 내용이었다. … 월마트 기사는 신선한 충격이었다. '굳이 시내를 고집할 필요가 없구나. 외곽에 있는 대형 약국도 성공할 수 있겠다'는 생각이 들었던 것이다.

_ 김성오, 『육일약국 갑시다』

1980년, 이미 『제3의 물결』을 통해 '지식이 권력이 되는 미래사회'를 예견했던 앨빈 토플러는 이후 1990년에 발표한 『권력 이동』을 통해 21세기의 권력의 핵심은 지식의 장악이며, 지식이야말로 진정한 권력의 수단이 될 것이라고 전망한 바 있다. 또한 2006년에는 미래의 부(富)가 어떻게 변화하고 우리의 삶에 어떤 영향을 미칠 것인가를 예견한 『부의 미래』를 발표하기도 했다. 1928년 태생인 그는 어느새 80대 중반이지만 현존하는 최고의 미래학자임에는 의심의 여지가 없다.

2009년, 전 세계를 휩쓸었던 경제 위기에 맞서 남다른 혜안을 얻으려 했음인지 우리나라에서는 보기 드물게 옛날 책이 한 권 출간되었다. 벌써 나온 지 40년 가까이 된 앨빈 토플러의 1975년 발표작 『불황을 넘어서*Beyond Depression*』가 뒤늦게 번역 출간된 것이다. 이는 오래전에 발표된 그의 생각과 주장이 40여 년 가까이 지난 지금 시점에서도 여전히 유효하다는 것을 보여주는 단적인 사례. 그야말로 당대 최고의 미래학자임을 여실히 증명하는 부분이다.

세계적인 미래학자로 또는 경영의 대가(Guru)로 인정받는 앨빈 토플러는 모교인 뉴욕 대학과 마이애미 대학을 비롯한 여러 대학에서 과학, 문학, 법학 등 여러 학문 분야에 걸쳐 다섯 개의 명예박사 학위를 받았다. 코넬 대학에서 객원교수를 역임하기도 했지만 우리가 알고 있는 정식 학위 과정을 통해 취득한 박사 학위는 단 하나도 없다. 오늘날의 그를 만든 것은 학교라는 제도권이 아니라 용접공이었던 그의 첫 직업에서부터 이후 노동조합 관련 잡지에 글을 기고하면서 저널리스트로 변신하기까지 끊임없이 스스로를 키워왔던 노력의 땀방울일 것이다. 이후 세계적인 연구 재단의 객원 연구자로 활동하며 수많은 국가의 자문을 담당한 그는 우리나라에도 여러 차례 다녀갔다. 청와대 주인이 바뀔 때마다 다녀갔다고 말할 정도로 앨빈 토플러에 대한 우리 사회의 신뢰 또한 깊다.

세계에서 가장 비싼 강연료를 받기로도 유명한 그이기에 청중들은 숨소리마저 죽여 가며 그의 한 마디 한 마디에 온 신경을 곤두

세운다. 경계를 넘나드는 다양한 지식을 바탕으로 그가 쏟아내는 풍부한 상상력과 예리한 판단력, 적절한 예시를 통한 설득력 있고 논리적인 글을 보고 있노라면 80대 중반이라는 나이가 숫자에 불과할 뿐이라는 생각이 절로 든다. 그리고 그 성공의 열쇠가 바로 '신문'이었다는 데서 놀라움은 더 커진다.

그는 매일 아침 전 세계의 주요 신문을 놓고 서너 시간 동안 손이 까맣게 될 정도로 집중해서 신문을 읽는다고 한다. 광고까지 놓치지 않고 꼼꼼히 챙겨보는 과정을 통해 세상을 읽어내는 통찰력과 미래를 예견하는 힘을 얻는다고 하니 신문의 힘이 실로 놀랍지 않은가.

이장우는 경영학 석사 및 박사, 공연예술학 박사에 디자인학 박사과정을 수료하는 등 참으로 여러 분야를 공부해 왔다. 이 과정에서 특이한 점은 연세, 경희, 성균관 및 홍익대학교 등 여러 대학교를 선택했다는 것으로, 이는 그가 학연이라는 연고주의에 연연하지 않는 열린 사고를 가졌다는 점을 보여준다. 이장우는 누구보다 많은 학력의 소유자이긴 하지만 그 역시 자기계발 수단으로 독서가 최고의 방법임을 인정한다. 한 분야를 정해서 관련 서적을 열 권 정도 읽어본 후, 더 필요하다 싶으면 추가로 50권 정도는 더 읽어보는 식이다.

장학금을 타기 위해 할 수밖에 없었던 공부에서부터 취업 후 필요에 의해 익힐 수밖에 없었던 마케팅까지 수년 동안 독학으로 공부하는 방법을 터득한 그였다. 이후 그는 책을 통해 혼자서 깨우치는 식으로 경제·경영은 물론 역사, 예술, 여행에 이르기까지 다양한 분야로 관심의 영역을 넓혀나갈 수 있었다.

그는 어떤 분야에 대해 200권 정도를 읽으면 겨우 아는 단계가 되고, 천 권 정도는 읽어야 전문가 수준이 된다고 생각한다. 전문가 수준이란 진리를 깨달은 단계로, 그야말로 고수의 경지를 말한다. 이런 단계에 도달하기 위해서는 이른바 득도(得度)의 단계를 경험해야 하는데, 학교를 다니고 수업을 들으며 남의 얘기를 듣는 것만으로는 도저히 닿을 수 없는 고차원의 영역이기에 1천 권은 최소한의 분량일 뿐이다. 그의 말대로라면 우리는 일평생 다양한 분야에서 전문가 되기가 가능하다는 것이다.

이장우가 책을 구입하는 목적은 두 가지다. 우선, 읽고 싶은 책을 발견해서 독서용으로 구입하는 경우다. 하지만 당장 읽지는 않더라도 나중을 위해 구입하는 경우도 꽤 된다. 참고자료로 활용할 요량으로 구입하는 책이 이에 해당하는데, 정작 필요할 때가 되어선 책이 절판돼 구하지 못하는 안타까운 경험이 있다 보니 생긴 습관이다. 사놓은 채 아직 읽지 못한 책이 50권 가까이 되지만, 이런저런 이유로 그는 열심히 서점을 다니며 부지런히 책을 사 모은다. 그러다 보니 구입한 지 10년 만에 읽은 책도 있다. 베스트셀러 목록과 뉴스 기사를 접하고 일단 사두었던 책인데, 뒤늦게 읽어봐도 여전히 큰 감동을 주는 그런 책들을 만나면 다시 한 번 책의 중요성을 깨닫는다.

책이나 잡지를 꾸준히 읽으면 10년 동안 배울 것을 몇 달 만에도 마스터할 수 있다. 내 경우만 해도 어떤 한 분야를 알기 위해서는 최소한 100권, 많게는 500권까지 관련 서적을 찾아서 읽는다. 그렇게 하면 그것이 패션이나 디자인 분야가 됐든, 혹은 예술 분야가 됐든 상관없이, 어떤 전문가를 만나더라도 관련 분야에 관한 궁금한 것들을 물어볼 수 있고, 상대방의 언어를 거부감 없이 받아들일 준비는 된다. 그렇게 하나 둘 지식을 축적해 나가는 것이 중요하다.

_『비자트 3.0』

이장우의 삶에 중요한 영향을 미친 스승은 세 분이다. 직접 만나 뵙고 가르침을 받은 것이 아니니 가상의(사이버) 스승이다. 하지만 그는 오래전부터 세 분을 마음속 스승으로 모셔 왔다. 수업료는 내지 않았지만 항상 가까이 두고 배울 수 있었다. 바로 그분들이 쓴 책을 통해서 말이다. 100세에 가까워 원숙한 삶의 지혜를 알려주는 스승이 있었는가 하면 어서 빨리 새 책이 나오길 학수고대하게 만들던 무궁무진한 창의력의 소유자도 있었다. 그의 사이버 스승은 피터 드러커, 마이클 포터, 톰 피터스였다. 이 세 사람은 그에겐 직접 만나기는 힘들지만 많은 도움을 주고 있는 사이버 스승들이다. 하지만 다른 한편으로는 이장우 스스로 반드시 넘어서야 할 그의 글로벌 상대들이다. 이들이 가진 놀라운 식견과 지혜, 그리고 혜안과 통찰력을 닮아가고자 끊임없이 노력하게 된다. 언젠가는 이들을 뛰어넘고야 말리라는 꿈이 있기에 삶이 더 활기차고 신난다.

첫 번째는 현대 경영학을 창시한 피터 드러커 교수다. 나이가 90이 넘었지만 아직도 연구 활동이 왕성하고 젊음이 넘치는 분이다. 이분을 통해서는 경영철학, 경영의 방향, 미래의 조직, 지식사회 등을 배웠다. 그다음은 하버드의 마이클 포터 교수다. 전략의 대가로서, 차별화 개념과 가치사슬 체계를 소개한 분이다. 최근에는 차별화라는 용어가 즐겨 쓰이지만, 예전에는 일반인들이 잘 모르는 개념이었다. 몇 년 전에 서울 하얏트 호텔에서 초청 강의도 들은 적이 있다.

마지막으로 톰 피터스를 나는 가장 좋아한다. 괴짜 같고 정말 특이한 분이면서 무궁무진한 창의력을 가진 분이라는 것을 느낄 수 있다. 책의 내용을 보아도 일반인과 다른 독창적인 발상을 많이 하고 있음을 금방 알 수 있다. 이분은 아이디어 발상에 정말로 비상한 것 같다. 톰 피터스의 다음 역작이 기대되는 것도 이런 이유 때문이다.

_『당신도 경영자가 될 수 있다』

위기 때 감행한 독서경영

사업 초기 이메이션코리아의 실적은 계속 적자였다. 마침내 본사의 웽크 사장은 지금처럼 계속해서 사업이 부진할 경우 한국 시장에서 철수할 수밖에 없다는 뜻을 전해왔다. 상황은 예상보다 더 안 좋았지만 이장우는 침착하게 본사 사장과의 전화 통화 내용을 직원들에게 그대로 공개했다. 탄식이 쏟아졌고 좌중이 술렁이기 시작했다. 직원들은 그야말로 정신적 공황 상태에 이른 듯 보였다. 순간, 이장우는 날씨도 좋으니 바깥바람이나 쐬자며 야유회를 제안했다.

회사의 존망이 달린 바로 그 순간 뜬금없는 사장의 제안에 직원들 모두가 얼떨떨했다. 이윽고 회사에서 가까운 한강 둔치로 발을 옮겼고, 봄빛 완연한 오후의 한나절이었기에 직원들 마음은 한결 나아졌다. 그리고 바로 그 자리에서 이장우는 다음과 같이 독서를 통한 학습을 제안했다.

"그동안 고생들 많았어. 그리고 많이 미안하네. 직원들 공부하는 데 최우선적으로 지원하겠다고 큰소리 쳐놓고 MBA는커녕 단기교육 한 번 제대로 보내준 적이 없으니……. 오늘부터 책이라도 마음껏 읽도록 해주고 싶어. 아무리 어려워도 회사 돈으로 책값 전부 치러줄 테니 보

독서를 이메이션코리아의 남다른 문화로 정착시키면서 의외의
소득도 있었다. 회식 한 번 하는 데 드는 비용이 200~300만 원
정도인 데 비해 직원들에게 좋은 책을 한 권씩 선물하는 데 드는
비용은 50~60만 원 정도면 충분하다 보니 회사 입장에서 볼 때
경제적으로도 훨씬 유리한 선택이었다. 아울러 책으로부터 얻게
된 무형의 자산까지 감안하면 절대적으로 남는 장사였다. 그렇게
그들은 IMF의 위기상황을 빠져나올 수 있었다. 외환위기 때 자본
잠식이라는 심각한 상태까지 떨어졌다가 2년 만에 사업을 흑자
로 돌릴 수 있었던 것이 바로 독창적인 '독서경영'의 힘이었던 것
이다.

그의 독서경영의 단초는 초창기 시절 스스로가 치렀던 경험에
근거한 것이었다. 이장우는 3M 영업사원으로 일할 때 마케팅 전

문가들을 찾아다니며 듣고 또 들었다. 그래도 이해되지 않는 부분이 있을 때에는 관련 분야 책을 독파해 가며 알 때까지 물고 늘어졌던 경우가 한두 번이 아니었다. 그때 느꼈던 책의 소중함과 그때 느꼈던 독서의 즐거움이 두고두고 그의 뇌리에 깊게 박혔다. 모르는 분야의 한계를 극복하기 위해 독서만큼 좋은 해결책이 없다는 생생한 기억 말이다.

여러 기업에서 독서경영에 대한 관심을 보여왔다. 책에서 아이디어를 찾는 한편, 직원들의 자기계발 효과도 도모하는 등 여러 가지 긍정적 효과가 있기 때문이다. 일례로 대한무역협회는 '문사철 600'이라 하여 제대로 된 지식인이 되기 위해 문학 서적 300권, 역사 서적 200권, 그리고 철학 서적 100권을 깊이 읽도록 장려하고 있다. 이를 위해 '경영 양서 독서교육 권장도서 추천'이라 하여 매월 10권 이내의 도서를 직원들에게 추천하고 이 중에서 매달 1권 이상 읽는 것을 원칙으로 하고 있다. 문제는 독서경영이라는 구호 아래 직원들에게 책 읽기의 참맛을 경험케 한다기보다는 또 다른 과외의 '일거리'가 주어지는 경우가 되는 일이 적지 않다는 사실이다. 그러다 보니 제대로 된 독서가 되지 못하는 경우도 있다. 그런 면에서 이장우가 시도한 독서경영은 다소 독특했다.

"책값이 얼마든 회사 돈으로 다 사라!"

"독후감? 그런 거 필요 없다. 자기가 좋아하는 책 입맛대로 골라 읽고 숙제 부담 없이 마음껏 즐겨라!"

"책에서 얻은 지혜 어디 가나? 모두 피가 되고 살이 되는 영혼의 비타민이다!"

"1인 책값 연간 100만 원, 1인 매출 연간 10억 원, 순익 업계 평균의 세 배!"

_ 고두현, 『독서가 행복한 회사』

'늦다고 생각할 때가 가장 빠른 때'임을 알고 있는 이장우는 2006년 2월, '공연예술 작품에 대한 감성과 경험이 공연 브랜드 일체감과 애호도 및 카테고리 애호도에 미치는 영향 연구'라는 제목의 논문으로 성균관대학교 공연예술학 박사 학위를 받았다. 경희대학교에서 받은 경영학 박사 학위에 이어 두 번째였다. 그리고는 홍익대학교 국제디자인대학원 박사과정에 들어갔다. 그가 세 번째 박사 학위에 도전하는 이유는 이번에는 디자인 공부가 하고 싶었기 때문이다.

"나는 공연, 건축, 시각미술 등 예술을 폭넓게 이해하고 싶어서 공연예술학 박사 학위에 도전했다. 그러나 내심으로는 디자인 공부를 먼저 하고 싶었다. 실제로 지난해 이메이션코리아의 전략적 슬로건이 '브랜드·디자인·마케팅'이었는데, 그 효과가 벌써 나타나고 있다. 디자인은 과학과 공학의 결합이다. 예전부터 흥미를 갖고 있던 분야들인데, 앞으로는 디자인이 기업의 성패를 좌우한다고 해도 과언이 아니다."

_고두현, 『독서가 행복한 회사』

이장우는 1년에 200~300권의 책을 읽으며 독서경영을 몸으로 실천해 왔다. 독서를 통한 스승의 도움으로 지난 24년 동안 한국 최고의 명강사로서 글로벌 경영, 디자인 전략, 소셜미디어 전략, 모바일 마케팅, 창의적 아이디어 등을 주제로 수많은 대기업과 중소기업을 대상으로 가장 인기가 있는 현장 중심의 자문과 강연을 해오고 있다. 최근에는 트위터를 활용하여 30여 명의 연구원으로 구성된 소셜미디어 마케팅 랩을 설립하고 소셜미디어 연구에도 앞장서고 있다. '이장우 브랜드마케팅 쇼'에는 천 명이 넘는 관중이 참여하여 관중동원 면에서 한국 최고의 신기록을 세우기도 했다. 현재 그의 공식 직함은 퍼스널브랜드인 '이장우브랜드마케팅 그룹'의 회장이다.

1982년 한국3M에 입사한 후 한국인 최초로 3M 미국 본사의 인 터내셔널 매니저가 된 그는 어설픈 실력이었지만 손자병법을 접 목한 마케팅 전략을 강의하며 중국의 10여 개 도시를 다니기도 했 다. 당시 한국사람으로 그 자리까지 올랐던 사람이 없었기에 고 생도 많았지만, 보람이 더 큰 시절이었다. 그는 뒤이어 이메이션 코리아의 최고경영자로 파격 승진하여 샐러리맨의 신화를 쓰게 된다. 이후 이메이션 아시아태평양 지역 CMO와 부회장을 거쳐 2007년부터 이메이션 미국 본사에서 글로벌 브랜드를 책임지는 총괄 대표 자리에 오르는 기염을 토한다. 3M에서 전문 경영인으 로 이룰 수 있는 것을 거의 다 이룬 이장우는 2009년 직장인으로 의 길을 정리하고 프리에이전트의 길로 들어섰다. 2011년 현재, 23년 동안 브랜드 디자인 마케팅, 창조상상 경영, 미래변화와 혁 신 등을 주제로 자문과 강연을 병행하고 있다.

공부 잘하는 꿈, 서울 가는 꿈, 대학 가는 꿈, 미국 가는 꿈, 인 터내셔널 매니저가 되는 꿈, 최고경영자가 되는 꿈, 경영에 도 가 트는 꿈, 강연의 1인자가 되는 꿈, 디지털시대의 1인자가 되는 꿈…… 이장우가 세상에 태어나 지금까지 꾸었던 꿈들이다. 세상 은 꿈꾸는 자의 것이다. 꿈이 있다는 것은 즐거움이요, 삶이 충만 해지는 일이며 가슴 벅찬 일이다. 꿈은 끊임없이 변화하고, 끊임 없이 변화하려고 하는 사람이야말로 꿈이 있는 자다. 1956년생인 이장우, 샐러리맨의 최고를 맛보았던 그가 편안한 길을 접어두고 대신 프리에이전트로 외로운 길을 걸어 나선 것은 그의 꿈이 아직 바닥나지 않았기에 가능한 일이다. 그는 꿈꾸는 사람만이 세상을 모두 가질 수 있다고 믿는다.

그대여 그 무엇을 찾아 바삐 걸어가는가
세월은 그대 뒤를 따라서 째깍째깍 가는데
아무리 아름다운 날도 다시 오지 않는 걸
아무리 빛나는 청춘도 다시 오지 않는 걸
꿈을 안고 살아가는 삶이 때론 바보같이 보여도
꿈꾸는 사람만이 세상을 통째로 가질 수 있지
길이 끝나는 데서 길은 또 시작되고
높은 지붕들 위로 별은 떠오르는데
그대여 햇살 아래 나와 내 손을 잡으렴
아직 살아갈 날들이 많이 남지 않았니

_ 백창우, 「꿈꾸는 사람만이 세상을 가질 수 있지」

이장우의 대표작

『당신도 경영자가 될 수 있다』, 한국능률협회, 2000년
『미래 경영 미래 CEO』, 한국능률협회, 2000년
『마케팅 잘하는 사람 잘하는 회사』, 더난출판사, 2001년
『디자인+마케팅』(공저), 21세기북스, 2007년
『내가 상상하면 현실이 된다』(공역), 리더스북, 2007년
『브랜드 심플』(공역), 비즈니스맵, 2008년
『마케팅 빅뱅』(공저), 위즈덤하우스, 2009년
『경영자 vs 마케터』(공역), 흐름출판, 2010년
『비자트 3.0』, 글로세움, 2010년

그들은 어떻게 읽었을까

5

강인선
하버드생처럼
독창적 글 쓰기에 주력하라

강인선

서울대 외교학과와 동대학원을 졸업하고 조선일보사에 입사해 「월간조선」, 정치부 기자, 논설위원을 거쳤다. 1999년에 케네디 스쿨에 입학해 2000년에 석사 학위를 받았으며, 졸업 후 하버드에 1년을 더 머물면서 '강인선 기자의 하버드 통신'을 「월간조선」에 연재했다. 2001년부터 2005년까지는 워싱턴 특파원으로 이라크 전쟁을 취재했으며, 제21회 최은희 여기자상, 관훈클럽의 제15회 최병우기자 기념 국제보도상, 제6회 홍성현 언론상 등을 수상했다.

박노자는 상트페테르부르크 출신 블라디미르 티호노프가 귀화하면서 만든 이름이다. 러시아 출신으로 한국에 귀화해 지금은 노르웨이에서 살고 있는 그의 독특한 삶 자체만으로도 우리 사회에 대한 그의 진단을 눈여겨볼 이유가 된다. 혈연 지연 학연으로부터 비교적 자유로운 데다 외국이라는 타자적 공간에서 시선을 던진다는 점이 그의 글이 지닌 장점이라고나 할까. 그래서 그런지 박노자의 글을 읽다 보면 좀처럼 알지 못했던, 혹은 전혀 문제라고 느끼지도 않았을 지극히 당연한 것들이 '큰 문제'였음을 깨닫게 되는 즐거움이 있다. 남다른 관점에서 바라보고 지적하는 그의 글이 그래서 더 큰 울림이 있다.

그가 오슬로 대학에 재직하는 지난 10여 년 동안 많은 한국인 교환학생들이 수업에 들어왔다. 담당교수 입장에서 그들의 리포트를 검토하고 채점했을 터. 한데 수업시간 중에 경험한 한국 학생들에 대한 느낌과 달리 이들이 제출한 리포트에서는 생동감이 전혀 보이지 않아 무척 실망스러웠다. 그가 보기엔 우리 학생들이 글 쓰기 특히 '자기만의 글 쓰기' 경험이 부족한 게 큰 문제라는 것이다.

인터넷 글에서 정보를 '대충' 모아놓은 듯한 리포트들이 많고 필독서의 해당 부분들을 축약시켜 옮긴 듯한 글이 대다수였다. 뭔가 자신만의 독특하고 새로운 사고가 보이는 글을 거의 본 일이 없다. … 정말 부족한 것은 영작, 그리고 작문 경험이다. … 자신의 독특한 의견을 밝히는 일 없이 기존 참고서의 내용을 그냥 충실히 축약해 제출하는 경우가 많은데, 이는 이곳에서 B 이상의 평가를 받지 못한다. '독립적인 창작의 경험'이 태부족해 보이는데, 아무래도 학교 논술 수업 때 이런 훈련을 제대로 하지 않아서 그런 듯싶다. … 학생들이 중·고교 때부터 글 쓰기를 좀 더 많이 하고, 작문을 할 때 자기만의 독특한 맛을 담은 '용감한 글'을 많이 써봤으면 한다. 그래야 대학 공부다운 대학 공부를 준비할 수 있지 않을까.

_ 박노자, 『만감일기』

그런 면에서 강인선은 다르다. 그녀가 아니면 그 누구도 쓸 수 없는 '독특한 글' 한 편으로 많은 사람들의 기억 속에 자리 잡았다. 2004년 3월 26일 「조선일보」에 실린 '선택할 수 있어 너무 괴롭다'는 그녀의 종군기(從軍記)가 바로 그것인데, 이 글은 이후 사람들 사이에 널리 회자되었고, 강인선 기자는 인기 연예인 못지않은 대단한 유명세를 치렀다. 아울러 평생 글을 쓰고 살아야 할 기자 입장에서 볼 때 한 편의 글이 얼마나 큰 영향력을 미칠 수 있는가를 몸소 느낄 수 있었던 소중한 기회가 되었다.

당시 이라크전 종군기자였던 강인선. 수도인 바그다드를 향해 나아갈수록 이라크군의 저항도 점점 거세졌고, 이에 생명의 위협을 느낀 외국 기자들이 하나둘씩 그곳을 떠나는 상황이 이어졌다. 부대와 함께 계속 전진할 경우 목숨을 잃을 수도 있는 불안한 상황에서 그녀 스스로 어찌해야 할지 고민했다.

그녀가 고민했던 이유는, 살아가면서 느끼게 될 최대한의 한계를 앞두고 물러날 경우 다시는 이런 기회가 오지 않을지도 모르며, 지금 물러서게 된다면 설혹 다시 기회가 찾아오더라도 또다시 물러설 수밖에 없을 것임을 잘 알고 있었기 때문이다. 그야말로 '지금 물러선다면 앞으로도 계속 물러서게 될 텐데 그렇게 되면 어쩌나' 하는 생각 말이다. 이런저런 고민으로 어찌하지도 못하는 당시의 심경을 표현한 그녀의 글에 많은 사람들이 공감했던 기억이 새롭다. 대략 다음과 같은 내용이었다.

25일 오전, 기사를 쓰고 있는데, 부대를 총지휘하는 대령이 찾아와서 "돌아가고 싶냐"고 묻는다. 나는 "바그다드까지 가서 이 전쟁의 끝을 보고 싶은 생각과 이쯤에서 워싱턴으로 돌아가고 싶은 생각이 반반" 이라고 솔직하게 말했다. 대령은 내 옆자리에 앉았다.

"1976년 내가 한국의 비무장지대에서 근무할 때 북한군의 총격을 받아 팔에 부상을 입었어요. 8.18 도끼만행사건 직전입니다. 죽기 싫어 상관에게 남쪽으로 옮겨달라고 했습니다. 그러자 그는 여기서 도망치면 앞으로 어려운 일이 생길 때마다 항상 도망만 다닐 것이라며 당장 나가라고 소리쳤습니다."

그 대령의 큰 눈에 눈물이 그렁그렁 맺혔다.

"당신이 '여기까지가 나의 한계다'라고 생각하고 돌아간다면 지금 그은 그 선이 평생 당신의 한계가 될지 모릅니다. 그렇지만 옳다고 판단하는 일을 하십시오. 도와드리겠습니다."

그의 눈에서 눈물이 주르륵 떨어졌다. 나는 막사 밖으로 나가 다시 불어닥치기 시작한 모래 돌풍 속에서 한참 동안을 멍하니 서 있었다. 선택할 수 있어서 너무 괴롭다.

3년 활용법

그녀가 하버드 대학의 케네디 스쿨에 입학한 것은 1999년이었다. 직장생활 10년 만에 공부를 좀 해보고 싶다는 생각으로 입학했을 때만 해도 즐겁게 공부하면서 그동안 퍼내기만 한 머리를 좀 채우고 싶다는 마음뿐이었다. 공부에 관한 한 누구에게도 뒤지지 않았던 그녀의 하버드 생활은 생각만큼 녹록치 않았다. 학창시절 공부를 잘했다고 자부했던 그녀의 공부 방식이 하버드에서는 전혀 통하지 않았던 것이다.

이후 수많은 시행착오를 거치면서 하버드에서는 '하버드 스타일'로 승부해야 한다는 것을 깨달았고 비로소 오늘날 세계 최고의 교육기관으로 우뚝 선 하버드를 이해하게 되었다. 아울러 학생들을 세계 최고의 인재로 키워내는 하버드만의 방식, 즉 하버드 스타일에 주목하게 된다.

『하버드 스타일』은 하버드의 힘이 어디서 솟아나는지, 그런 하버드의 힘은 어떻게 길러지는지를 담고 있는 책이다. 현직 기자이자 학생의 신분으로 몸으로 부딪히며 적어낸 『하버드 스타일』에는 하버드의 교육방식과 하버드생들의 치열한 자기단련법에 관한 생생한 현장의 소리가 가득하다.

하루에 12~13시간을 한결같은 집중력으로 공부하고, 똑같은 일을 해도 남보다 더 멋지게 해내는 습관이 몸에 배어 있다는 그들. 무시무시하게 많은 학습량과 엄청난 잠재력을 지닌 동기들과의 경쟁 속에서 온갖 실패의 가능성도 마다않는 도전정신을 갖춘 자랑스러운 하버드 대학생이 되기 위해 명심해야 할 것은 다름 아닌 시간관리였다. 시간관리법을 익히는 것은 하버드 학생이라면 누구나가 반드시 갖춰야 할 부분이다. 제한된 조건 속에서 꼭 해

야 할 일과 하고 싶은 일 사이의 균형을 맞추기 위해 1학년 신입
생들이 선배들로부터 듣는 충고는 다음과 같다.

첫째, 너무 많은 과외활동에 참가하지 말 것
둘째, 1학년 때 연애하지 말 것
셋째, 교과서는 헌책으로 구입할 것 (비싸기도 하고 학기가 끝나면 다시 보지 않으니까)
넷째, 효율적으로 책 읽는 방법을 익힐 것

과외활동 수를 제한하라고 하는 것은 너무 여러 가지 과외활동
에 참가하면 시간관리가 어렵고 생활의 초점이 흐려지기 때문이
다. 여러 곳에 참여하는 대신, 무엇이 가장 중요한가를 판단해 그
것에 중점을 두는 습관을 길러야 한다는 것이다. 그렇다면 적어도
1학년 첫 학기 동안만이라도 연애에 빠지지 말고 폭넓은 교우관
계를 맺으라는 이유는 뭘까. 이는 1학년 초부터 연애하다가 학기
도중에 깨져버리면 애인도 없이 학과 친구들 하나 사귀지 못해 오
도가도 못 하는 고립무원의 신세에 빠질 수 있다는 것이다. 당연
히 뒤늦게 새 친구를 사귈 여건도 시간도 지나버려 곤란한 상황에
빠질 수 있기 때문이라는 것이다.

마지막 충고는 독서와 관련된 것이다. 세계에서 가장 많은 도서
를 소장하고 있다는 미국의 의회 도서관에는 3천만 권이 넘는 책

이 있다. 그런가 하면 전 세계 대학 중 가장 많은 책을 보유한 하버드 대학교 도서관의 소장량도 1,600만 권에 달한다.

산더미 같은 책 속에서 진짜로 읽어야 할 책을 제대로 골라내고 이를 효과적으로 읽어내는 기술은 그야말로 생존의 기술 그 자체가 아닐까. 찬찬히 읽어야 할 부분과 대충 읽고 넘어갈 부분을 빨리 구분해낼 줄 아는 것도 산더미 같은 책 속을 헤쳐가는 데 큰 도움이 될 것이다.

독서는 강인선이 일 다음으로 시간과 애정을 들이는 일이다. 원래 책 읽기를 좋아하거니와, 글로 먹고사는 기자 생활을 오래해온 사람이다 보니 좋은 글을 얼마나 많이 읽느냐는 취미 차원을 넘어 생존의 문제와 맞닿아 있다. 좋은 글은 무한한 영양 보충을 제공하기 때문이다. 이런저런 이유로 책 읽기에 열심이던 그녀는 어느 정치인의 인터뷰 기사를 본 후 자신의 독서에 대한 관점을 바꾸게 되었다고 한다.

그 정치인은 전직 신문기자 출신으로 인터뷰 내용에 따르면 한때 회사의 조그만 도서실 겸 자료실에 있는 책을 몇 년에 걸쳐 모조리 읽었다는 것이다. 그런 그가 덧붙인 말은 "한 1년 책을 열심히 읽은 정도 가지고는 아무것도 달라지지 않는다. 하지만 3년만 계속해봐라. 그때는 엄청난 차이가 난다"는 것이었다. 그렇게 강인선의 3년이 지나갔다.

책 읽는 일에 꽤 골몰했던 3년이 지나고 나니, 정말 변화가 일어났다. 어떤 어려운 책도 나름대로 소화해낼 수 있는 능력이 생겼고, 당연히 모르는 것도 많이 알게 됐고, 독서가 더 이상 취미나 의식적인 노력이 아니라 습관이자 생활이 됐다. … 그런데 워낙 중구난방으로 닥치는 대로 책을 읽어치웠기 때문에 내가 기대한 만큼의 지적 성장은 사실 이루지 못했다. 10년 직장생활 끝에 미국에서 대학원을 다닐 때는 대학교 다닐 때 나를 가르친 교수들이 정말 원망스러웠다. 그 시절 우리가 반드시 읽어야 할 고전 100권만 제대로 읽게 했어도, 미국에서 그 고생은 안 할 것 같았다. 아무렇게나 닥치는 대로 책을 읽었던 나의 독서 습관도 후회스러웠다. 많이 읽는 것이 중요한 것이 아니라 방향을 갖고 쌓아간다는 마음으로 읽었어야 했다.

『힐러리처럼 일하고 콘디처럼 승리하라』

독서가 습관이 되면 생활이자 삶의 큰 즐거움이 된다. 밤새워 책을 읽게 되는가 하면 책 읽을 시간을 마련하려고 애쓰는 자신을 발견하게 된다. 그런 과정에서 세상을 보는 안목이 생기고 그 맛에 또다시 책에 빠지게 되는 것, 이 모두가 3년 안에 얻을 수 있는 책이 주는 즐거움이다.

피터 드러커는 그의 책 『프로페셔널의 조건』에서 그만의 '3년 혹은 4년 활용법'에 대해 말하고 있다. 스무 살에 프랑크푸르트의 최대 신문사에 금융 및 외교 담당 기자로서 첫발을 내디뎠던 그는 여러 가지 주제에 대해 글을 써야 했기에, 그 주제들에 대해 유능한 기자라는 소리를 들을 수 있을 만큼은 알아두어야겠다고 마음먹었다. 오전 여섯시에 출근해 석간 신문 최종 편집판이 인쇄에 들어가는 두시 반이면 퇴근이었다. 드러커는 남은 오후 시간과 밤 시간을 이용해 치열하게 국제 관계와 국제법, 사회제도와 법률제도의 역사, 일반 역사, 재무 등에 관해 공부해 갔고 차츰 그만의 공부법으로 자리 잡은 것이 '3년 혹은 4년 활용법'이었다.

나는 3년 또는 4년마다 다른 주제를 선택한다. 그 주제는 통계학, 중세 역사, 일본 미술, 경제학 등 매우 다양하다. 3년 정도 공부한다고 해서 그 분야를 완전히 터득할 수는 없겠지만, 그 분야가 어떤 것인지를 이해하는 정도는 충분히 가능하다. 그런 식으로 나는 60여 년 이상 동안 3년 내지 4년마다 주제를 바꾸어 공부를 계속해오고 있다. 이 방법은 나에게 상당한 지식을 쌓을 수 있도록 해주었을 뿐 아니라, 나로 하여금 새로운 주제와 새로운 시각 그리고 새로운 방법에 대해 개방적인 자세를 취할 수 있도록 해주었다.

_ 피터 드러커, 『프로페셔널의 조건』

글쓰기가 중요한 진짜 이유

강인선은 어느 날 한 서점에서 하버드 학생들의 공부 비법이 담긴 책을 발견했다. 『하버드 수재 1,600명의 공부법Making the Most of College』이란 책으로 '학생들의 속마음을 말한다'라는 부제가 달린 그 책의 저자는 하버드 교육대학원 소속 통계학 담당인 리처드 라이트 교수였다. 이 책을 읽고 그 충격이 얼마나 컸던지 강인선은 다음과 같이 말하고 있다.

이 책을 사 들고 근처의 찻집에 가서 읽다가, '아……내가 20년 전에 이 책을 읽었더라면' 하는 생각이 들었다. 이 책에 거론된 성공적인 대학생활의 기준에 맞춰서 보면, 나는 대학생활을 완전히 망친 것이나 다름없었다. 지나간 일이야 어쩔 수 없지만 그래도 아쉬움은 남는다. 진정한 자신감은 어려운 일을 완전히 정복하는 그 순간에 온다고 한다. 대학 시절을 돌이켜볼 때 아쉬움이 남는 것은 하버드생만큼 전략적으로 공부하지 못해서가 아니다. 20대에만 발휘할 수 있는 열정과 에너지를 최대한 발휘해서 자기한계에 도전해 본 경험이 없다는 것이 억울해서다. 내가 갖고 있는 한계에 도전하고 또 도전하면서 내 능력을 최대한으로 신장시키지 못한 것이 분해서다. 20대는 개척자의 시대다. 내 속의 신대륙을 찾는 모험을 하는 시절이다. 그걸 몰랐다는 것

라이트 교수는 '다 같은 하버드생인데도 왜 어떤 학생은 성공적인 대학생활을 하고, 또 어떤 학생은 실패하는 것일까'라는 질문을 가지고 16년 동안 하버드생 1,600명과의 인터뷰를 했고 이를 통해 '하버드생들의 대학생활 성공법'을 찾아낼 수 있었다. 그가 말하는 성공의 비결은 다음과 같았다.

- 시간관리를 철저히 하라.
- 교수와 친해져라.
- 다양한 강의를 골고루 들어라.
- 과제물과 시험이 많은 강의를 택하라.
- 스터디 그룹을 짜라.
- 글 쓰기에 주력하라.
- 외국어를 공부하라.
- 공부와는 무관한 과외활동에 몰두하라.
- 문제가 생기면 말하라.

독서와 관련해 직접적으로 언급하고 있는 부분은 '글 쓰기에 주력하라'는 내용이다. 실제로 하버드생들이 작성해야 할 보고서의 양은 적지 않다. 그 평가 또한 철저하기에 대충대충 해서는 선뜻 제출하기도 어려운 실정이라 학생들의 글 쓰기 과제에 대한 스트레스 또한 상당하다.

하버드생의 71퍼센트는 1년에 평균 여섯 쪽 분량의 보고서를 열 편 이상 쓴다. 4년간 제일 신경 쓰는 분야도 글 쓰기다. 교수의 지도도 받아야 하고 친구들의 조언도 듣는 것이 좋다. 자신의 의견을 글로 표현할 줄 아는 능력은 대학생활이나 직장생활에서 결정적인 성공 요인이다. 글은 자주 써야 한다. 긴 보고서 한두 편 내는 강의보다는 짧은 보고서를 자주 쓰는 강의를 택하는 것이 좋다. 글 쓰기 실력 향상에 훨씬 더 큰 도움이 되니까.

_『하버드 스타일』

글 쓰기의 중요성은 대학원 과정에서도 그대로 드러난다. 경영학 석사를 양성하는 하버드 경영대학원(Harvard Business School). 입학 지원에 필요한 에세이 질문은 대학 입학과정에서도 대부분 요구했던 익숙했던 질문들이다. 하지만 그 답을 쓰는 과정이 의외로 쉽지는 않다.

- 학부과정의 공부와 관련해서 MBA 입학사정위원회가 꼭 알고 있어야 할 부분이 무엇인가?
- 지금까지 했던 성취 중 가장 중요한 것 세 가지를 들고, 왜 그런지 설명하라.
- 지도자로서의 본인의 강점과 약점을 적어보라.
- 일하는 동안 부닥치게 될 윤리적인 문제를 어떻게 해결할 것인지 설명하라.

쉬운 듯 보이나 결코 만만치 않은 질문들. 이런 질문에 대한 남다른 답변이 합격의 관건이다 보니 한 문제 한 문제에 답하는 데 온갖 공력을 들일 수밖에 없다. 하지만 글 쓰기가 어디 그리 하루 아침에 되는 것인가. 남의 것을 그대로 베껴낼 수 있는 것이 아니기에 더더욱 그 사람의 실력을 있는 그대로 보여주는 척도가 되는 것이다. 베껴쓰는 것이나 지식의 유용에 비교적 무디거나 심지어 관대하기까지 한 우리에 비해 이들의 반응은 예민하다 못해 경기를 일으킬 정도다. 오죽하면 불타버린 도서관에 있어야 할 책을 반납했다가 '원칙에 따라' 퇴학까지 당했겠난 말이다. 사정은 이랬다.

1764년 도서관이 있던 홀에 불이 나 모든 책이 잿더미가 됐다. 그중 유일하게 『기독교 전쟁 *The Christian Warfare*』이라는 책만 살아남았다. 도서관에서 공부하던 학생이 이 책을 읽다가 살짝 들고 나왔는데 그날 밤에 불이 난 것이다. 학생은 용서를 구하며 총장에게 책을 반납했다. 단 한 권의 책이나마 구하게 된 데 대하여 총장은 감사를 표했다. 하지만 도서관의 책을 무단으로 반출한 점에 대해서는 학칙을 적용하여 퇴학시켰다. 원칙에 따른 것이다.

주관식 시험 문제 말고는 그리 '독창적 글 쓰기' 경험이 없는 우리나라 사람들. 그나마 나은 편에 속했던 기자 신분의 강인선 스스로가 한심한 생각이 들었을 정도였다니 우리들의 글 쓰기 실력이 어느 정도인지 정말 두려울 정도로 궁금하다. 그렇다면 하버드 대학은 왜 그렇게 글 쓰기에 목을 매는 것일까?

하버드 대학의 로빈 워드 박사는 이 대학의 1977년 이후 졸업생으로 40대에 접어든 동문 160명을 대상으로 다음과 같은 내용을 조사했다.

- 당신의 현재 일과 노력에 가장 중요한 것은 무엇입니까?
- 앞으로 많은 노력을 기울여야 할 것은?

'가장 중요한 것'에 관한 질문에는 비즈니스와 삶에 필요한 열두 가지의 항목이 나열되어 있었다. 졸업생들은 '글 잘 쓰는 기술'이 현재 그들이 하고 있는 일 중에 가장 중요하다고 응답했다. 놀랍게도 이에 응답한 졸업생들의 비율은 90퍼센트가 넘었다. 그런가 하면 '노력을 기울여야 할 것'이라는 질문에서도 '글을 잘 쓰기 위한 노력'을 최우선에 두어야 한다는 응답이 다른 항목의 세 배 가까이 나왔다. 대학 시절 혹독한 글 쓰기 과정에서 살아남은 하버드 졸업생임에도 불구하고 여전히 글 쓰기 능력이 더 필요하다는 이유는 뭘까?

포틀랜드 주립대 스테판 레터 교수가 미국 교육부와 공동으로 수행한 '미국 성인의 언어적 숙련도가 평생에 걸친 경제적 성공에 미치는 영향'에 대한 연구에서 그 이유를 발견할 수 있다. 이 연구에 의하면 글 쓰기 능력을 5분위 수로 나눴을 때 최고와 최저간 세 배 이상 소득 차이가 발생한 것으로 드러났다. 한마디로 글 쓰기 능력이 사회적 성취와 직결된다는 것이다.

미국의 정규교육 과정에서 쓰기 공부에 얼마나 공을 들이는지는 이미 정평이 나 있다. 또 미국의 대학 입학시험에서 에세이가 합격을 좌우할 만큼 쓰기 능력 평가에 비중을 둔다. 그러니 고등학교 3년 내내 쓰기 훈련이 얼마나 치열할지 상상이 간다. 그뿐인가, 대학에서도 뭔가 쓰느라 바쁘다. 로빈 워드 박사의 조사에 의하면 하버드 대학 재학생들의 70퍼센트 이상이 1년에 열 개 이상의 리포트를 쓰는데 그 분량이 60~100페이지에 이른다고 한다.

_ 송숙희, 『당신의 글에 투자하라』

어느 여름날 아침 '지식경영' 강의에 들어갔다. 교수는 희고 빳빳한 종이를 한 장씩 나눠줬다.

"내일 아침에 인력시장에 나간다고 합시다. 자신이 무엇을 할 수 있는지 쓰세요. 정부나 기업에서 스카우트 담당자가 나와서 '아, 저런 일을 할 수 있다면 데려가서 일을 좀 시키고 싶다'는 생각이 들 만한 일을 쓰는 겁니다. 그 종이를 목에 걸고 나간다고 생각해 보세요."

막막한 기분으로 종이를 내려다보았다. 볼펜을 든 손은 쉬고 있다. 도대체 뭘 쓰지? 내가 할 줄 아는 일 중에 다른 사람이 보수를 주고 '사 줄 만한 능력'이 뭐가 있을까. '취재하고 기사 쓸 줄 안다'고 써놓은 후에 좀처럼 진도가 나가지 않았다. 나는 뭘 할 줄 알지? 늘 바빴고 일 한답시고 발바닥에 불이 나도록 여기저기 쫓아다녔는데 무얼 한 것일까. 내가 할 줄 아는 게 없다는 것보다 더 큰 문제는 10년씩 일하고도 그 경력과 능력을 팔아먹을 줄 모른다는 데 있었다. 거짓말이나 과장말고 나를 포장하는 방식이 있을 것이다. 그걸 모르고 여태까지 살아왔다니 한심한 생각이 들었다.

_『하버드 스타일』

언제나 주변과 이웃을 의식할 수밖에 없는 우리나라 사람들은 전체 속에 자기를 맞춰가는 기술이 중요하다. '타인 지향 문화'가 지배적이기 때문이다. 그러다 보니 전 국민이 거의 본 영화가 있는가 하면 온 국민이 소장할 정도로 큰 인기를 끈 책도 있다. 이러한 분위기에 맞춰 상술은 춤춘다. '고교생이 읽어야 할~'도 있고 더 나아가 '우리가 꼭 알아야 할~'도 있다. 자기가 좋아서 혹은 읽고 싶어서가 아니라 안 읽으면 안 될 것 같은 분위기에 휩쓸리는 게 더 큰 문제다. 왜냐하면 이러한 부추김과 압박 속에서 정작 중요한 '자신이 무엇을 원하는지'에 대해 생각해 볼 기회가 사라지기 때문이다.

창의적 사고의 원천

소설가 윤대녕의 산문집 『어머니의 수저』에 한 남자의 얘기가 나온다. 재혼한 그 남자는 먼저 떠나보낸 전처가 그리워질 때마다 지리산이며 섬진강 등지를 배회하는데 소설가 윤대녕은 이 남자를 연이어 두 번씩 지리산 쌍계사 부근 청운산장에서 우연히 만나게 된다. 외로웠던 모양인지 아니면 그가 마음에 들었는지 그는 윤대녕을 데리고 이곳저곳을 둘러보며 독특한 먹거리를 소개하는데, 음식에 관한 한 남 못지않다고 생각하는 윤대녕이 보기에도 그의 미각은 남달랐던 모양이다. 다음은 기이하고도 남다른 미각을 지닌 그와 윤대녕의 대화 내용이다.

"밤젓이라고 알아요?"

젓가락을 뒤로 돌려잡고 그가 내게 술잔을 내밀었다.

"전어 내장으로 담근 젓갈 아녜요?"

"반은 맞고 반은 틀렸소. 전어 창자로 담근 것은 돔베젓, 전어 위로 담근 것이 밤젓, 전어 위장이 밤톨처럼 생겼거든."

"미식가인 모양이네요."

"나는 아니오. 미식가라고 하는 사람들을 만나봤더니 처음엔 생선의 살을 좋아하다가, 그다음엔 머리를 좋아하고, 그다음엔 내장을 좋아하고, 맨 나중엔 몸통은 남겨두고 눈알만 빼먹습디다. 그러니 내가 보기에 미식가란 점점 입맛을 잃어가는 족속들 같더이다."

_ 윤대녕, 『어머니의 수저』

　자신도 남다른 미각의 소유자라 생각했는데 진짜 미식가였던 그 남자가 보기엔 '얼치기' 미식가들이란 '점점 입맛을 잃어가는 불쌍한 사람들'이라는 것이다. 책 좀 읽는다는 사람들이 경계해야 할 부분도 바로 이런 게 아닌가 싶다. 이 책은 어떤 부분이 부족하고, 저 책은 어떤 부분이 잘못되었고 하는 식에 점점 빠져들게 되면 정작 양도 많고 맛도 좋은 '생선살' 부분은 제대로 즐기기는커녕 놓쳐버리는 우를 범할 수도 있다는 것이다. 책이 지닌 진정한 가치를 놓쳐버린 채, 권수나 분량 혹은 누구의 작품이나 무슨 무슨 수상작 따위에 매달리는 것이 몸통은 남겨두고 눈알만 빼먹다 점점 입맛을 잃어가는 얼치기들과 무슨 차이가 있겠는가.

주입된 창의력은 개성을 키우기보단 개성을 죽이기 마련이다. 하지만 미국에서는 매사에 어떻게 자기를 돋보이게 하느냐가 중요하다. 그러다 보니 남다른 생각이 중요하고 개성 있는 독특한 스타일이 주목받는다. 일찌감치 창의적인 사고에 대한 갈증을 느끼게 됨은 물론이며 우리와 달리 남과 다르게 생각하기를 전혀 두려워하지 않게 되는 것이다.

우리에게도 그런 사람이 없는 건 아니다. 예를 들어, 화가나 방송진행자 등 숨겨진 색다른 재능으로 그 가치가 새롭게 조명되는 가수 조영남이 그렇다. 내가 정작 존경해 마지않는 부분은 그의 '창의적 글 쓰기' 실력이다. 「월간 미술세계」에 6개월 동안 '세계 속 한국 현대미술의 현주소'를 연재했는가 하면, 화투를 소재로 그림을 그리는 화가로도 유명하다.

소재가 '화투'라는 사실 때문에 한때 미술계에서 미운털이 박혔지만 이제는 그의 독창성이 다시금 평가되고 있다. 그런 그가 최근엔 시인 이상에 대한 시 해설서를 내기도 했다. 『이상은 이상 이상이었다: 내가 죽기 전에 꼭 쓰고 싶었던 시 해설서』. 이 눈치 저 눈치 보지 않는 그의 행보는 한마디로 종횡무진이다. 그의 글은 전문적이기도 하지만 무엇보다 재미나다. 가수에다 그림까지

잘 그리는 종합예능인 조영남의 남다른 글 쓰기 비결은 다음과
같다.

"공부를 많이 해야 한다. 선천적인 건 없다. 많이 읽고 아는 게 많아야 하고
그다음 머리를 굴려야 한다. 움베르토 에코는 나의 글 쓰기 멘토다. 근데 책
만 열심히 본 사람의 경직성과 답답함, 이런 건 음악과 미술, 연애질, 친구 관
계 등으로 보강한다. 재미있는 글을 쓰려면 놀 줄 알고 연애도 알고 친구도
많이 만나봐야 한다."

한마디로 뭐든 많이 해보라는 얘기다. 그런 면에서 강인선에게
책은 언제나 가장 좋아하는 '장난감'이었던 모양이다. 힘든 수업
을 끝내고 너무 피곤하거나 기분전환이 필요할 때면 서점에 죽치
고 앉아서 이 책 저 책 들춰보는 것이 취미생활이었음을 고백하고
있으니 말이다. 그런 그녀가 책에 대해 욕심내는 것은 너무나 당
연한 일이다.
셔면 영은 『책은 죽었다』에서 사고를 숙성시키는 책에 대해서
다음과 같이 말한다.

책은 인쇄 문화의 산물이지만 실질적으로 책이 인쇄 문화보다 한층 더 정교한 세계관을 이끌어왔다. 책의 본질은 구텐베르크와 이동식 활자에 들어 있는 것이 아니다. 그보다는 대중들이 다양한 사상을 접하고 깊이 있는 사고를 하며 다른 이들의 생각이나 의견을 배우고 익히며 자기만의 고유한 생각을 창조하게 하는 것, 즉 공적인 대화의 담론의 대중화 같은 이상적인 목표에 책의 본질이 있다.

_ 서먼 영, 『책은 죽었다』

내가 변해야 세상이 바뀐다는 깨달음

미국의 책값은 너무나 비싸다. 공부 좀 제대로 해보겠다고 경제학 교과서를 네 권 샀더니 무려 400달러였다. 그 당시 환율로 책 네 권이 50만 원이라면 좀 심하지 않은가. … 그래도 책에 대한 욕심은 사라지지 않아서 책 사들이기는 야금야금 계속됐다. 세일이라고 사고, 오래전부터 읽고 싶었던 좋은 책을 발견했다고 사고, 표지가 마음에 들어서 사고, 혼자 저녁 먹어야 하는데 읽을거리가 없다고 사고……. 갖은 이유를 갖다붙이며 책을 사 들였다. 결국은 순식간에 책이 불어나 책장 두

개를 가득 채우고 말았다. 막상 하버드를 떠날 때는 더 많은 날들을 도서관에 처박혀 책을 질리도록 읽지 못한 것이 한이었다. 공부에 필요한 것 말고 내가 읽고 싶은 것들을 말이다.

_『하버드 스타일』

졸업식을 영어로 '코멘스먼트 세리머니Commencement Cere-mony'라고 한다. '시작'을 뜻하는 코멘스먼트를 '마침'을 뜻하는 졸업식에 갖다붙이는 이유는 무엇 때문일까. 대학생활의 마침이요, 학생 신분의 졸업과 같은 좁은 의미에 한정한다면 적절하지 못할 수도 있겠지만, 졸업은 세상에 나가 사회인으로의 첫발을 내딛는 한편 어마어마하게 많이 남은 긴 인생의 출발점이라는 면에서 '시작'일 수밖에 없기 때문이다.

그 시작의 첫걸음을 넉넉하고 여유롭게 내딛는 사람이 있는가 하면 쫓기듯 내몰리듯 마지못해 떠밀려가는 사람도 있다. 이 모두가 학창시절을 어떻게 보냈는지에 따라 결정되는 것 아닐까. 우리가 누리는 오늘은 지나온 어제의 결과물이다. 어제를 어떻게 꾸며왔느냐에 따라 오늘의 모습이 결정되는 것이다. 그리고 그렇게 하나하나 쌓아가는 오늘의 모습이 내일의 삶을 조금씩 만들어가는 것이다.

나는 생각한다. 하버드에 있는 동안 무엇을 얻었는가. 정말로 얻은 것
은 학교에서 배운 새로운 지식이 아니었다. 지금까지 해온 일과 전혀
다른 일을 함으로써 느낀 자극이었다. 엄살은 좀 떨었지만 솔직히 공
부 그 자체가 못 견딜 정도로 고단하지는 않았다. 새로 배운 것도 없지
는 않았다. 그러나 한 학기가 지나면 기억조차 하지 못하니 대단할 것
도 없다. 어차피 정보와 지식은 끊임없이 업데이트해야 하는 것이다.
한두 해 공부로는 해결이 안 난다.

굳어진 머리가 새로운 환경과 부딪쳐 일으키는 격렬한 반응을 소화해내
는 일은 어려웠다. 어려운 일, 하지 않으면 그만이다. 복잡한 일? 모르는
체해도 누가 뭐라지 않는다. 하지만 그걸 견디지 못하면 한 단계 뛰어넘
을 수가 없다. 산 너머에 뭐가 있는지, 저 높이까지 올라가면 무엇이 보
이는지는 땀 흘리고 넘어지며 산을 오른 자만이 볼 수 있는 것이다.

하버드에서 1년을 보낸 후 나는 다른 시선으로 나를 보게 됐다. 예전
의 나는 달라지고 싶고 나아지고 싶은 마음만 있었지 그러기 위해서
내가 변해야 한다는 것을 몰랐다. 같은 밭에 해마다 같은 씨를 뿌리고
늘 같은 방식으로 일하면서도 올해만은 수확이 더 많기를 바라는 게
으르고 욕심 많은 농부처럼 말이다.

…내가 하버드를 통해 본 것은 '공부 잘하기'나 '좋은 대학 만들기'가
아니었다. '어떻게 하면 제대로 살 수 있는가'에 대한 대답이었다. 하
버드가 가르치는 것은 자기 자신이 누구인가를 깨닫는 것, 그다음은
어떤 삶을 원하는지를 생각해 보는 것, 그리고 그 길로 가기 위해 어떻
게 노력해야 하는가에 대한 실습을 하는 것이었다.

『하버드 스타일』

강인선의 대표작

『사막의 전쟁터에도 장미꽃은 핀다』, 조선일보사, 2003년
『힐러리처럼 일하고 콘디처럼 승리하라』, 웅진지식하우스, 2006년
『하버드 스타일』, 웅진지식하우스, 2007년
『리더십 코드』, 웅진지식하우스, 2008년